大千世界

470個

世界歷史 面面觀

益智館 37

大千世界：470個世界歷史面面觀

編著　于震

責任編輯　賴美君

封面設計　林鈺恆

美術編輯　王國卿

出版者　培育文化事業有限公司

信箱　yungjiuh@ms45.hinet.net

地址　新北市汐止區大同路3段194號9樓之1

電話　（02）8647-3663

傳真　（02）8674-3660

劃撥帳號　18669219

CVS代理　美璟文化有限公司

TEL／(02)27239968

FAX／(02)27239668

總經銷：永續圖書有限公司

永續圖書線上購物網
www.foreverbooks.com.tw

法律顧問　方圓法律事務所　涂成樞律師

出版日期　2020年01月

國家圖書館出版品預行編目資料

大千世界：470個世界歷史面面觀／于震編著.

--初版.--新北市：培育文化, 民109.01

面；公分. --（益智館系列：37）

ISBN　978-986-98057-8-0 (平裝)

1. 世界史

711　　　　　　　　　108019308

前言

「歷史睡了，時間醒著；世界睡了，你們醒著。」請翻開它，一起去作歷史的旅行。

莎士比亞說：「歷史就在每一個人的生活中。」回顧中外歷史長河中，那些值得我們去銘記的人與事，你會看到，歷史真的就在我們身邊。

本書編者出於對東西方歷史的喜愛，經過長時間努力，精心編寫出這部《大千世界：470個世界歷史面面觀》。本書內容全面，知識密集，能讓你在短時間內瞭解、掌握很多的歷史知識，是快節奏社會裡人們需要的優秀歷史讀物。

青少年關於歷史人物的好奇提問，都可以在書裡找到答案。也許下一次的朋友聚會中，你也可以說說書中的歷史故事，出出風頭。

當知識的海綿沾染上自滿的惡習時，永遠擠不出智慧的水滴。「前事不忘，後事之師」，這是智者的心得。每一個學識淵博的智者，無不好學懂史。本書內文以精練簡明的語言將世界歷史熔為一爐。書中內容時間跨度數千年，從西方史前文明講到二戰結束。大部分都

是以歷史的發展為經、重大歷史事件為緯，編織出世界歷史的簡明讀本。其中每一則歷史故事都短小精悍且獨立成篇，呈現最精彩最重要的史實。把一些讀者可能感興趣的、覺得有意思的，然而又較零散的470個歷史常識編輯成冊，讓你輕鬆閱讀古今世界歷史，從而豐富知識，開拓視野。

這是一本濃縮了古今世界歷史文化的寶典。它以豐富的知識和史料，娓娓地講述了各類事物的精彩歷史，集知識性、趣味性、科學性於一體，具有超強的參考性與指導性。願本書的出版能為廣大讀者，輕鬆自如地獲取歷史文化知識帶來捷徑，真正做到開卷有益，這才是我們最大的心願！

瞭解歷史，它記錄著人類過去的成功與缺失，蘊藏著真知與卓見，也預示人類的未來。

前言

① 史前時期

❷ 古代文明

◆ 非洲　　　　　　　　　　　　　　　　*046*

③ 中世紀時期

④ 近代時期

◆ 英國　　　　　　　　　　　　　　　　*174*

5 現代時期

◆**20世紀初的世界** 234

1. 史前時期

人類起源

歐洲，特別是西歐，曾一度被認為是人類的發祥地。

自從達爾文創立生物進化論後，多數人相信人類是生物進化的產物，現代人和現代猿有著共同的祖先。多數古人類學家認為：真人是以製造工具為標誌，真人出現以前的人類祖先，科學家們稱之為「前人」。

直立是前人從人猿共祖主幹上分離的形態學標誌，他從主幹分離的地區可謂人類最早的搖籃。真人不斷演化發展，最後成為現代人，同時形成現代不同的人種，這個進化過程完成的地區便是人類演化最後的搖籃。

南方古猿

大約300多萬年前，非洲生活著早期人類—南方古猿，南方古猿的頭骨要比人類的短，其腦容量也要比人類的小，但腦結構已與人類相近。他們已經能夠直立行

走並使用天然工具。大體可分為粗壯型和纖細型兩類。粗壯型體重平均在40公斤以上，腦量大於500毫升，身材較高。纖細型身材高約1.2到1.3米左右，腦量平均不到450毫升，體重約在25公斤左右。

早期猿人

距今約三百萬年前，早期猿人出現，這是最早完全形成的人。早期猿人也稱「能人」，其腦容量約為700多毫升，與南方古猿相比，他們的腦容量明顯增大，早期猿人已學會製造工具。

晚期猿人

大約在150萬年前至50萬年前，能人便已演化為「直立人」即晚期猿人，其主要特點是完全用兩足行走。直立人有兩個著名代表：一是「爪哇猿人」；二是周口店的「北京猿人」。

直立人在思維和語言上比能人均大為進步，他們大大超過南方古猿和能人。除了能創造製作工具的工具而外，直立人進化發展的另一大突破是「火」的使用。所以，

在直立人形成後，不僅人類的分佈區域擴大到亞、非、
歐各洲，而且人類的生活方式也發生了很大的變化，食
物的來源也更豐富多樣了。但還兼有猿和人的兩重性，
並未完全脫離動物的範疇。

爪哇猿人

印度尼西亞的爪哇猿人是世界上發現最多的直立
人。直立人頭骨扁平且向後縮，腦量的增大是直立人體
質進步的最大特徵。

尼安德塔人

關於尼安德塔人的起源現在還不能確定。尼安德塔
人的祖先可以推溯至大約10萬—15萬年以前。在法國境
內發現的頭蓋骨殘骸就屬於那一時期，但是它們在特徵
上比起更早期的直立人來說，更具有新的智人的某些特
徵，早期的直立人從年代上講應該是尼安德塔人的祖
先。尼安德塔人額頭平扁，下頜角圓滑，骨骼強健，有
著耐寒的體格。

克羅馬農人

克羅馬農人是歐洲晚期智人階段的人類，體質形態方面與現代歐洲人已無多少差別。此階段的人，體質進化基本完成。

語言的產生

語言是伴隨著人類的發展而形成的，是在勞動和生活過程中產生的，語言自形成之初，不同部落、不同人群之間就存在差別。在現代人種形成的同時，不同的語系也漸漸形成了。

在生活和勞動中，同一或相鄰地區的人群中，對各種各樣的事物、感情的表達方式日趨漸近，其發音的震動方式也逐漸趨向一致，並被一代代流傳下來，從而形成了不同的語系。如分佈於亞洲東部的漢藏語系，包括了漢語、日語、朝鮮語等；分佈在西亞和北非的閃含語系，包括阿拉伯語、古埃及語、庫希特語等；分佈在東南歐至印度的印歐語系，包括印度語、斯拉夫語、日耳曼語、希臘語等，該語系是當前世界上使用國家最多的一個語系，歐、亞、非、美、澳各洲將近三十個國家使用這一語系。其他的語系還有突厥—蒙古語系、芬蘭—烏戈爾語系等等。

弓箭的發明與使用

從舊石器時代向新石器時代的過渡時期稱為中石器時代。在中石器時代，於生產技術的發展和狩獵的需要，人類發明了弓箭。在距今2.8萬年的中國山西峙峪遺址中，發現了箭頭狀石器。在德國的什列斯維希‧霍爾斯坦，發現了屬於8.8—8.3萬年前的弓，是迄今為止發現的最早的弓。

弓箭是當時的遠射程武器，借助於投矛器僅可將矛投出70—80米，而弓箭的射程至少達80—100米。北美印第安人使用的重弓，射程竟達400—500米，弓箭的發明，促進了狩獵的發展，使狩獵成為普通的生產部門之一，也使人類可以經常獲得肉類食物和皮毛、骨器等生活、生產資源。

血緣家族

血緣家族是人類社會最早的組織形式。家族內部實行群婚，只按輩份設限，同輩之間皆可通婚，而長輩與子輩之間不可通婚，從而排除了父母與子女之間的婚姻。一個血緣家族就是一個生產單位，單位成員人人平等，共同生產，共同消費。

普那路亞群婚

原始社會群婚家庭形式。從血緣家庭發展而來。又稱普那路亞婚、族外群婚。普那路亞為夏威夷語，意為親密的夥伴。即一群同胞的或血緣較遠的姊妹同一群平輩但不是她們的兄弟在內的男子，或一群同胞或血緣較遠的兄弟同一群平輩但不包括他們的姊妹在內的女子相互通婚。此後這些女子間不再互稱姊妹，男子間不再互稱兄弟，而改稱普那路亞。

這種婚姻形式不僅排除了不同輩的近親通婚，而且也排除了同輩的近親通婚，是比血緣家庭有所進步的家庭形式。普那路亞家庭是外婚制的開始。普那路亞家庭由19世紀美國民族學家摩爾根命名，並將該術語用於科學研究，認為它曾普遍存在，而且是氏族制度產生的直接原因。

舊石器時代

舊石器時代（距今約250萬年－1萬年前）的早期和中期，可以視為從猿人到早期智人的時期，當時的石器多是打製成的砍砸器、刮削器和尖狀器，製作比較粗

糙。舊石器時代晚期，也就是進入晚期智人時期，石器加工日漸精緻，還出現了不同材料的複合工具。

複合工具的出現

舊石器時代晚期，隨著生產力的發展，石器的加工方法有了進一步的發展，出現了壓削的方法，石器的形狀更加精確美觀，出現了骨針、魚鉤等器具，同時出現了複合工具和複合武器，也就是用兩種不同質地的材料製成的工具或武器。這是人類發展中的重要進步。

氏族公社

原始社會至舊石器時代晚期，由於生產力的發展，要求人們比較持久地結合，並且要求各集團之間保持一定的聯繫。已逐漸定居的人們，又為維持這種聯繫提供了條件。同時，人類在實踐中已意識到兄弟姐妹之間的婚姻對人類體質的危害，於是排斥集團內部通婚。這時不但禁止了不同輩之間的性交關係，並且兄弟姐妹之間的婚姻也被禁止。

到一切兄弟與姐妹間，甚至母方最遠的旁系親族間

婚姻關係被禁止的時候，就組成了一個堅固確定的母系血族集團，氏族便產生了。在氏族制度下，其成員已不可能在氏族內部找到通婚的對象，必須和另一個氏族的成員通婚，這就是組外婚制，兩個互通婚姻的氏族構成早期的部落。在這種婚姻形態下，人們只知其母，不知其父，氏族的世系只能按母系來計算，所以稱為母系氏族。這是最早的氏族公社。

母系社會

因為實行族外婚，子女跟隨母親，只知其母而不知其父。在極端低下的生產力水平下，氏族是人們賴以生存的基礎，血緣關係是維繫氏族成員的紐帶，他以人人平等，互相保護，性別和年齡進行分工，青壯年男子擔任狩獵、捕魚和防禦野獸等任務，婦女擔任採集食物、燒烤食品、縫製衣服，養育老幼等繁重任務，老人和小孩從事輔助性的勞動。

從簡單的分工中，不難看出，婦女從事的採集比男子從事的狩獵有比較穩定的性質，是可靠的生活來源，具有重要的意義。她們是氏族組織中的重要成員，她們的活動是為了氏族集體的利益，具有重要的社會意義，對維繫氏族的生存和繁殖都起著極為重要的作用。因

此，婦女在氏族公社裡佔有重要的地位，普遍受到重視，這樣的社會就叫做母系氏族社會。

新石器時代

進入新石器時代後，磨光石器廣泛流傳和陶器的製造，為原始農業和畜牧業的產生提供了條件。人們開始用自己生產的食品來代替自然提供的野生食物，從而結束了狩獵和採集生活。隨著定居生活的開始，房屋的建造和原始手工業也逐漸發展起來。

近親結婚的禁止

舊石器時代晚期，人們在長期的生活實踐中意識到近親通婚對人類體質的危害，於是不但排斥了同族長輩和晚輩之間的通婚，而且禁止兄弟姐妹之間通婚。當時，婚姻只能在兩個集團之間的男女中進行。

對偶婚的產生

到新石器時代，婚姻制度逐漸由群婚變為對偶婚。對偶婚的家庭由一對比較確定的夫妻組成，但他們的結合並不牢固，婚姻關係很容易解除。對偶婚組成的家庭也不是獨立的經濟單位，當時社會的經濟細胞是母系氏族公社。

原始畜牧業和農業的產生

原始畜牧業是由狩獵發展而來的。在舊石器時代，人們已經開始馴養綿羊和狗。到新石器時代，豬、山羊、牛等動物先後成為家畜。另一方面，在長期的採集生活中，人們識別和選擇了許多可供食用的植物，如大麥、小麥、稻等。這就是原始農業的生產。

第一次社會大分工

第一次社會大分工是畜牧業從農業中分離出來。原始社會晚期因為生產力發展，使農業從社會其餘野蠻民

族中分離出來的過程。過去曾把畜牧業從其餘野蠻民族中分離出來的過程稱為第一次社會大分工的內容。那時認為遊牧民族生產的生活資料不僅比其餘的野蠻民族多，而且不相同。

但近幾百年來近東考古發掘證明，農業部落不僅比遊牧部落出現得早，而且利用大河流域的土地，使用簡陋的農具就可以獲得豐富的收穫，因而比其餘野蠻部落更加富裕生活更穩定。而且畜牧業最初是包括在農業之中的，後來生產發展，畜牧業已不能再包容與農業部落之中，才從農業部落中分離出來。此前的人類只有性別和年齡的分工。第一次社會大分工給社會帶來了很多變化，由於各部落的產品不盡相同，從而為經常性交換創造了條件。

金石並用時代

人們尋找和選擇石料的過程中，發現了一種敲不碎的「石頭」——自然銅。人們將銅成分較高的孔雀石和木炭一起放進窯裡，用1000℃的高溫燒製，就煉出了純銅。距今5000—6000年前，人們開始製造和使用金屬工具，人類進入金石並用時期。

父系社會

隨著生產力的發展，社會出現了農業與畜牧業的第一次社會大分工，社會生產的專業化，使母系社會迅速為父系社會所取代。男子在生產勞動中的地位急劇上升，而婦女的勞動則漸漸僅限於附屬性的家務勞動了。男子在農業、畜牧業和手工業中成為謀取生活資料的主力軍。相伴而生的是婚姻制度逐漸成為一夫一妻的婚姻形態。

子女的出身與世系開始按照男子的系統來計算，其財產繼承也按照父系家族劃分。男子取代了女子而成了家族的核心。在父系社會裡，父系氏族由若干家長制大家族構成。家長制大家族是父系氏族社會的基本經濟細胞，一個家長制大家族常包括好幾代男系親屬。氏族公社內部還保留著民主選舉的傳統。氏族大會由全體成年男子組成，他擁有最高的權力。

氏族議事會由各大家族的族長組成，而族長則經民主選舉，由身負眾望的男子擔任。儘管如此，在父系社會裡，已經出現了某些社會的不平等，如婦女喪失了與男子平等的地位，各大家族間也出現了貧富差距。父系社會的進一步發展，導致了階級的產生和國家的出現，一切共有的原始社會隨之解體。

私有制的產生

在父系氏族社會，金屬工具的使用使氏族內部的小家庭也可以承擔農活，以家庭為單位的個體勞動盛行起來。農具、耕地等生產資料逐漸從氏族所有變成個體家庭所有，相應的，勞動產品也逐漸轉變為私有財產，私有制度就這樣產生了。

軍事民主制

隨著私有制的進一步發展，以掠奪別人財富為目的的戰爭愈加頻繁，氏族公社時期也因此逐漸過渡為軍事民主制時期。這一時期，氏族組織還有活力，但已開始瓦解。

軍事民主制的民主機構是人民大會、議事會。而經常性的掠奪戰爭，使軍事首長成為一種不可缺少的社會公職。民主與個人權力二者同時存在，相互矛盾。隨著掠奪戰爭的持續進行，軍事首長的財富和權力與日俱增，他們由原來的選舉產生逐漸變為世代相傳。

國家的產生

原始社會末期，隨著社會分工和生產力的發展，人們能夠生產出略多於維持生存的勞動產品，氏族成員的勞動量增加了，需要吸收新的勞動力，於是戰俘轉變為奴隸。私有制的發展，導致了氏族之間的掠奪戰爭的產生，這使得氏族出現了軍事首長。軍事首長的財富和權力與日俱增，而且由原來的選舉產生逐漸變為世襲制。

階級和階級鬥爭的出現，掠奪戰爭的發生，氏族的解體，世襲王權的萌發，這些條件導致了對內壓迫，對外掠奪的國家機關的出現。

第二次社會大分工

第二次社會大分工是指手工業和農業之間的分離。隨著銅器、青銅器和鐵器的應用，開始出現大面積的農田耕作和伐林墾荒。農業在規模上的擴大，導致了經營種類的增多。除了穀物種植以外，還經營園藝，栽培各種經濟作物，把經濟作物加工成油、酒等等。

隨著經營規模的擴大和經營活動的豐富，各種手工操作，如金屬加工、紡織、制陶、釀酒、搾油、造船、

皮革加工等活動逐漸增多,操作者經驗日益豐富,製作
技術不斷改進。又農耕,又畜牧,又進行各種手工製作
的人越來越難以勝任,於是有人脫離農業或畜牧業生產
而轉入手工業的專門化發展。專職的手工業者逐漸增
多,手工業最後從農業活動中分離,成為一個獨立的生
產部門。第二次社會大分工還促進了城市的出現。

第三次社會大分工

　　第三次社會大分工是指原始社會晚期商人階層的產
生。產品交換很早就發生了,至少不晚於第一次社會大
分工的出現。但是只有在兩次社會大分工之後,交換才
得到了長足的進展。

　　交換的不斷發展和擴大,使商品生產出現並發展,
又反過來促進了交換的進一步發展。交換規模擴大,品
種增多,各生產者和消費者之間直接的產品交換越來越
不便利,於是專事交換的中間人、商人應運而生。不間
斷地交換活動使部分脫離生產的商人得以為生。第三次
社會大分工首先在商品交換最為發達的地區出現。

蒙昧時代

蒙昧時代是人類的幼稚時期，以順應自然條件為特徵。它分為三個階段。

（1）低級階段。剛剛脫離森林的古猿人在地面上過著群居生活，以採集植物的根、莖、果實為食。由於勞動，古猿人已能直立行走，前肢變成了手，還產生了語言。分節語的產生是這一時期的主要成就。

（2）中級階段。從採集魚類作為食用和使用火開始。魚的分佈很廣泛，自從有了這種新的食物以後，人類漸漸擺脫氣候和地域的支配而得到獨立，散佈在地球上的大部分地方。同時，也有了狩獵活動。在這一階段，食物在數量和種類上有很大增加，但由於食物來源不是經常有保證的，在這一階段發生了食人之風。這一時期是所謂的舊石器時代。人們使用著未加磨製的粗陋石器。在社會關係上，以血緣紐帶為基礎的母系氏族公社逐漸代替了原先鬆散的原始群。

（3）高級階段。這個階段從發明了弓箭開始，到陶器的發明結束。這一階段人類已開始使用磨製的石器，是所謂的新石器時期。這時人類開始定居並形成村落，氏族制度有了進一步發展，已由氏族組成了胞族和

部落。高級階段是蒙昧時代的晚期，逐漸地人類結束了蒙昧時代，進入野蠻時代。

野蠻時代

　　人類社會發展的一個階段。美國民族學家L.H摩爾根在《古代社會》一書中首次使用。他根據「生存技術」的進步，將人類社會劃分為蒙昧時代、野蠻時代、文明時代。野蠻時代始於制陶術的發明，終於文字的出現和使用。可分為低級、中級、高級3個階段。

　　低級階段從陶器的發明和使用開始；中級階段在東半球從動物飼養開始，西半球從利用灌溉種植玉蜀黍、從事建築開始；高級階段始於冶鐵術的發明，終於文字的使用。摩爾根指出：家畜的飼養、穀物的栽培、石材建築、冶鐵是野蠻時代的主要成就。

原始社會的音樂和舞蹈

　　原始人在集體勞動時為了協調動作、減輕疲勞，往往會發出有節奏的呼聲，並逐漸演變為原始的歌聲。原始人的歌聲非常簡單，常常僅是同一呼聲或同一詞句的重複。音樂是原始人的藝術語言，在高興的時候唱歡樂

的歌；在災禍時唱悲哀的歌。在唱歌或跳舞時，原始人漸漸學會用打擊木板、石塊的方法伴奏。最原始的打擊樂器是鼓，很多原始部落都有這種樂器。

原始人在生產勞動、社會生活中產生各種感受，採集的豐獲、狩獵的成功都會使人手舞足蹈，以抒發興奮的心情，原始的舞蹈就是這樣產生的。在舊石器時代晚期的繪畫中，已有穿著舞衣跳舞的人。在澳大利亞東南部新英格蘭的姆恩比發現了一幅壁畫，描繪了人們跳舞的場面，氣氛十分熱烈。

原始宗教的萌芽

原始人無法解釋自然現象，於是自然界一切都成了人們崇拜的對象。而人們又相信靈魂的存在，所以靈魂崇拜也普遍存在。

隨著氏族的形成，人們開始崇拜祖先，而且往往將自然界的某種動植物或自然現象當作祖先，相信祖先的靈魂是氏族的保護者，這就是圖騰崇拜。

原始繪畫與雕刻

　　在歐洲舊石器時代晚期的遺址中，發現了最早的原始繪畫。這些畫在巖洞深處陽光照不到的地方，作畫人往往要採取仰臥姿勢或站在同伴的肩上，在石燈的照明下工作。這些畫面比較簡單，可能先用泥在巖壁上畫出輪廓，再用紅色或黃色的礦石顏料塗抹。在法國的尼奧山洞裡，有一幅幾萬年前的野牛中箭圖。

　　舊石器時代晚期，隨著原始人生產技術的提高和生活需求的日趨複雜，原始的雕刻也產生了。在歐洲奧瑞納文化遺址發現了刻在骨、角、石上的圖案，原始人把短刀的刀柄刻成山羊的樣子，或在鹿角短刀的刀柄上刻上跳躍的馴鹿。從比利牛斯山到頓河的廣大地區，發現了一些用石灰石、泥灰巖等軟質石料雕刻而成的婦女圓雕像，一般僅有幾寸長，軀體較長，女性特徵特別突出，反映了母系氏族公社對女性祖先的崇拜。在美洲的北極地帶，發現了西元初年用海象牙雕成的海獸、魚類等形象。

遠古人是如何計數的

　　早在人類社會的最初階段，人們從摘野果和捕獲野獸等活動中，逐漸形成了有無、多少等概念。後來又發展到用結繩、刻痕、手指來記數。

　　1937年在墨托維亞（地名）發現的40萬年前的狼前肢骨，7英吋長，上面有55道很深的刻痕。這是已經發現約用刻痕方法計數的最早資料。直到今天，在一些地方仍然有一些牧人用在棒上刻痕的方法來計算他們的牲畜。

　　古時候的印加族，每收進一捆莊稼，就在繩上打個扣，用來記錄收穫的多少。中國古代也有「結繩而論」的情況，也就是用在繩子上打結的方法來記數。羅馬人最初用手指作為計數的工具，他們要表示1個、2個、3個、4個物體時就分別伸出1個、2個、3個、4個手指；表示5個物體就用1只手，表示10個物體就用兩隻手。我們現在還可以在羅馬數字中看出這些痕跡，如用I、II、III等來代替手指數。要表示一隻手時，就寫「V」字形，表示大拇指與食指張開的形狀。這已是數碼的雛形。數字符號的引進，是人類對數學認識的一大進步。它標誌著「數」已從具體的事物中抽象出來了，具有獨立的地位。

古代文明

◆ 非洲

古代埃及

　　古代埃及位於非洲東北部尼羅河下游，大約在西元前3500年左右，原始公社解體，奴隸制小國紛紛湧現。上埃及國王美尼斯征服了下埃及，逐步建立起統一的奴隸制國家。約西元前1710年，由亞洲侵入埃及的一支遊牧部落在尼羅河三角洲建立「牧人王朝」，並統治埃及100多年。

　　西元前16世紀中期，埃及進入空前強盛時期。西元前15世紀，埃及成為奴隸制軍事國家。西元前13世紀開始衰落，遭外族入侵，國家陷於分裂。西元前525年，埃及被波斯帝國所滅。西元前332年，又被馬其頓亞歷山大佔領，至此埃及已經歷了31個王朝。西元前30年歸入羅馬。古埃及是世界聞名的發祥地之一，其創建的文化對世界造成了深遠的影響。

尼羅河流域文明的開端

在舊石器時代，非洲北部已有居民定居，那時北非氣候溫和濕潤，雨水充沛，佈滿草叢和森林，居民多以漁獵和採集為生。大約在1萬年前，北非氣候逐漸轉為乾旱，出現了無邊的沙漠，於是許多居民都遷往尼羅河兩岸，開始了農耕生活，尼羅河流域的文明從此開始。

提尼斯王朝的建立

大約在西元前3100年左右，為爭奪土地、水源、奴隸和財富，各個州或城邦之間經常發生戰爭。上埃及提尼斯州在美尼斯的統治下逐漸強大起來，美尼斯由此建立起古代埃及史上的第一個王朝。因其以阿卑多斯附近的提尼斯為首都，故稱為提尼斯王國。

埃及古王國

埃及古王國（約西元前2686－2181年），古代埃及重要的奴隸制王國，包括第3至6王朝。此時古埃及中央

集權的君主專制制度日益完備。法老獨攬國家大權，他的意志就是法律。王權的支柱是軍隊，法老依仗軍隊對內統治人民，對外發動侵略戰爭。社會的農業、水利灌溉系統、手工業和商業得到全面發展。

法老對全國的土地享有最高的支配權，他們自己佔有很多土地，還將大片土地賞賜給其親屬、官吏和神廟，但相當多的土地仍由農村公社使用。法老自稱為神的後裔，其統治被神化。

第3王朝，尤其是第4王朝時期，法老大規模地修建金字塔，給人民帶來深重的災難。金字塔是法老的陵墓，也是專制王權強大的體現。金字塔以其卓越的建築藝術與技巧成為埃及和人類古代建築史上的一大奇觀。

法老

古王國時期，埃及建立起統一的中央集權國家，國王獨攬全國政治、經濟、軍事、宗教和司法等大權，一切官吏都由他任免。他被視為神的化身，自稱是太陽神之子，並被尊稱為法老。

金字塔

古埃及法老（即國王）的陵墓。它的基座為正方形，四面呈四個相等的三角形，闊底而頂尖，形似漢字的「金」字。埃及法老死後，將屍體製成乾屍「木乃伊」，放入金字塔的墓室中，可歷久而不腐爛。

金字塔建在尼羅河下游西岸的基薩及薩卡拉一帶，大小共有70多座，以西元前27世紀第四王朝法老胡夫的金字塔為最大。

金字塔外觀雄偉，內部結構複雜，塔內有通道、石階、墓石、石棺和雕刻、繪畫等藝術品，宛如一座巨大的「永久宮殿」。金字塔是古埃及法老專制王權的象徵，也是勞動人民勤勞智慧的結晶。

獅身人面像

獅身人面像坐落在開羅西南的吉薩大金字塔近旁，是埃及著名古跡，與金字塔同為古埃及文明最有代表性的遺跡。像高21米，長57米，耳朵就有2米長。除了前伸達15米的獅爪是用大石塊鑲砌外，整座像是在一塊含有貝殼之類雜質的巨石上雕成。面部是古埃及第四王朝法老（即國王）哈夫拉的臉型。

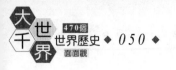

　　千百年來，這座半人半獸的怪物不斷引起人們的遐想，認為它的形象很可能象徵著人的智慧和獅子的勇敢的結合，象徵著國王凜然不可侵犯和凌駕一切的權威。它表現了古代埃及人的偉大智慧和創造力。

埃及太陽曆

　　早在3000年前，埃及的太陽曆就可能問世了。它的創立與計算尼羅河水的漲落有關。埃及人為了不違農時，發展農業生產，在長期的生產實踐中逐漸掌握了尼羅河水氾濫的規律。

　　他們發現兩次氾濫之間大約相隔365天。同時，還發現每年6月17日或18日早晨，尼羅河水開始變綠，這是尼羅河即將氾濫的預兆，尼羅河的潮頭來到今天開羅附近時，天狼星和太陽同時從地平線升起，埃及人把它作為一年的開始，兩次氾濫期間為一年。

　　以此為根據，埃及人把一年分成氾濫期（7—10月）、播種期（11—2月）和收穫期（3—6月）三個季節，這生動地反映了天文曆法與農業生產之間的密切關係。埃及人把一年定為365天，分為12個月，每月30天，共360天，歲末再加5天宗教節日，這樣一年就有365天。

這與地球圍繞太陽一周的回歸歷的誤差僅有1/4天。古
埃及人已經知道這種誤差，由官方作臨時調整。這就是
世界上最早的太陽曆。後來埃及的太陽曆傳入歐洲，經
過格利高里十三世的不斷改進，成為今天通用的公曆。

埃及中王國

約西元前2133年，南部埃及的統治者孟圖赫特普一
世戰勝了北方，重新統一了埃及，建立了第十一王朝，
定都底比斯，開始了中王國時期。第十二王朝是中王國
的鼎盛時期，國力強盛，手工業繁榮，社會經濟得到了
迅速發展。

卡納克神廟

古埃及底比斯的阿蒙神廟。其遺址在今埃及中部尼
羅河岸的卡納克村。神廟始建於中王國時期（約前21世
紀至前17世紀），完成於新王國時期（約前16世紀至前
11世紀）。其廢墟已被考古學家全部發掘整理。

其神廟為一個巨大的建築群，主殿總面積5千平方
米，由排成16列的134根巨石圓柱支撐。中堂兩排的12

根圓柱每根高達21米，據說其柱頭頂部可立百人。柱身佈滿著象形文字和各種浮雕畫面，氣勢雄偉，技藝精湛，是古代建築史上的傑作。

埃及新王國

埃及新王國（約前1567—前1085年）古代埃及最強盛的奴隸制王國，包括18—20王朝。其版圖南到尼羅河第四瀑布，北達敘利亞，形成一個龐大的軍事帝國。對外戰爭使奴隸制較前期更發展。奴隸勞動廣泛用於農業、手工業、公共建築和家庭勞動。

社會經濟呈現出繁榮景象，青銅器普遍使用。農業出現了梯形把手的新式犁，手工業中開始使用腳踏風箱。商業活動遍及四鄰，遠至愛琴海地區。

由於阿蒙神廟的僧侶長期受到法老的恩寵，經濟地位膨脹，政治上威脅到法老的統治，到第18王朝時期，出現法老阿蒙霍特四世的宗教改革，即阿肯那頓宗教改革。改革確立起對唯一太陽神阿頓的崇拜，但最後歸於失敗。新王國在與赫梯帝國爭奪西亞的霸權中趨於衰弱。

赫梯帝國

也被稱為西臺王國，古代小亞細亞中部、黑海南岸的奴隸制國家。最初興起於小亞細亞東部哈里斯河（今土耳其克澤爾河）中上游一帶，屬於印歐人的一支。約西元前17世紀，形成統一的奴隸制國家，定都於哈圖薩斯（今波加斯科）。

約西元前16世紀，木爾舒爾一世領兵滅古巴比倫王國，大掠而歸。西元前14世紀始，赫梯開始使用鐵器，國勢日強。統治者趁埃及因宗教改革陷入混亂之機，聯合小亞各部落，消滅米丹尼王國，佔領敘利亞大部分地區，並突入巴勒斯坦，擴張成為一個強大的奴隸制帝國。

版圖佔有小亞細亞大部分及幼發拉底河上游地區。西元前14世紀末，赫梯與埃及為爭奪敘利亞的統治權，雙方在卡迭石（今敘利亞境內）發生激戰，未分勝負。戰後雙方締結和約。

西元前13世紀後半期，因受到亞述的侵犯而衰弱。西元前12世紀初，又受到「海上民族」的入侵。西元前8世紀，其殘存的諸城邦被亞述滅亡，交入其版圖。

卡迭石戰役

　　古代埃及與赫梯為爭奪敘利亞地區統治權的戰役。西元前14世紀，赫梯乘埃及國力削弱之機，佔領其在敘利亞的許多領地。為確立在西亞的霸權，法老拉美西斯二世調集3萬大軍，與赫梯國王會戰於奧倫特河畔的卡迭石城（今敘利亞境內）。

　　赫梯軍隊以大量的戰車從側翼猛攻，埃及軍隊潰敗，法老險些被俘。後埃及援軍及時趕到，解救了法老，阻止了赫梯軍隊的追擊。這次戰鬥十分激烈，雙方勢均力敵。此後10多年，雙方戰爭不斷，但均未取得決定性勝利。

　　約西元前1283年，拉美西斯二世與赫梯國王哈圖西利斯三世締結和約，並結成軍事同盟以對付共同敵人。和約全文在埃及神廟的牆壁上和赫梯的檔案裡均有發現，這是保留至今的最早的有文字記載的軍事條約。

阿肯那頓改革

　　阿蒙霍特普四世，後改名阿肯那頓，亦譯做埃赫那頓。阿蒙霍特普四世即位後，為了打擊僧侶集團勢力和

世襲權貴，加強中央集權的統治，依靠中小奴隸主和新興的軍事貴族，進行全面的社會改革。他禁止崇拜傳統的阿蒙神和其他地方神，下令封閉阿蒙神廟，沒收其廟產，樹立阿頓神為全國崇拜的唯一的太陽神，在底比斯和全國各地以及敘利亞、努比亞大建阿頓神廟。

阿肯那頓統治的第6年，廢棄舊都底比斯，遷至尼羅河東岸的新都阿馬納，取名為阿肯那頓（意為阿頓光輝的靈魂）。提拔新人改革政府官吏的成分，並在新都大力興建阿頓神廟宇，雕塑阿頓神像和他與王后的像。但改革是短命的，阿肯那頓死後不久，一切改革被廢除。

木乃伊

木乃伊原來的意思是瀝青，指一種乾枯不腐爛的屍體。以在埃及發現的木乃伊的數量最多，時間最早，技術也最複雜。

埃及人在製造木乃伊時，首先從死屍的鼻孔中用鐵鉤掏出一部分的腦髓並把一些藥料注到腦子裡去進行清洗。然後，用鋒利的石刀，在側腹上切一個口子，把內臟完全取出來，把腹部弄乾淨，用椰子酒和搗碎的香料填到裡面去，再照原來的樣子縫好。這一步做完了之後，便把這個屍體在泡鹼粉裡放置70天，再把屍體洗乾

淨，從頭到腳用細麻布做繃帶把它包裹起來，外面再塗上通常在埃及代替普通膠水使用的樹膠，然後把屍體送給親屬，親屬將它放到特製的人形木盒裡，保管在墓室中，靠牆直放著。

阿肯那頓宗教改革

　　古埃及18王朝法老阿蒙霍特普四世（即阿肯那頓）進行的一神教改革，又稱埃赫那頓宗教改革。改革前，阿蒙神廟的僧侶貴族在經濟上成為強大的社會集團，還享有擔任國家重要官職和豁免的特權。

　　阿蒙霍特普四世統治時（西元前1379—1362年），他們公開與法老抗衡，迫使法老實行改革。改革主要依靠新興的軍事貴族和其他中小奴隸主，目的在於打擊阿蒙僧侶集團，加強中央集權。主要措施包括：宣佈太陽神阿頓為全國唯一神，廢除對阿蒙神的尊崇；另建新都；法老本人改名為阿肯那頓（埃赫那頓），意為「對阿頓有益的人」；沒收阿蒙神廟的財產，分給新建的阿頓神廟和新提拔的文武官員。這是一次披著宗教外衣的社會政治改革。但由於阿蒙僧侶集團的破壞，改革遭到失敗。

圖特摩斯三世

圖特摩斯三世（約西元前1504—1450年）古埃及新王國第十八王朝法老。為圖特摩斯二世王妃伊西斯所生。約在10歲時，受阿蒙神廟僧侶的支持繼承王位。但其國王標誌、徽章和服裝被王后哈特捨普蘇特僭取。他青年時代在軍中接受了軍事技術的訓練，特別是箭術和馬術，為日後的軍事成功奠定了基礎。

十幾年後，他恢復自己的統治地位，並隨之開始大規模的征服活動。不僅侵略努比亞和利比亞，更主要的是向巴勒斯坦和敘利亞用兵。其先後出兵亞洲達17次之多，使埃及版圖南到尼羅河第四瀑布，北到敘利亞的埃勃拉城，從而建立起一個疆域遼闊的奴隸制帝國。他將掠奪的大量土地財富充實埃及國庫，同時也賞賜給阿蒙神廟，助長了僧侶貴族的權勢。

尼科

尼科（約西元前6世紀）古埃及後期第26王朝法老。約西元前609年—593年在位。其父普撒美提克一世曾重新統一埃及，建立第26王朝。他繼位後，急於恢復圖特

摩斯三世時期埃及的版圖。西元前608年，派兵入侵巴勒斯坦和敘利亞，在這些地區統治達3、4年之久。他還援助瀕於滅亡的亞述帝國，抵制新巴比倫王國向西擴張。

西元前605年，其軍隊在卡赫米什大戰中，被新巴比倫王國的軍隊擊敗，在亞洲的屬地也同時喪失。他在位期間，積極發展商業和對外貿易。開鑿了尼羅河與紅海間的運河（於波斯帝國時期完成）。還重視發展海上勢力，建成一支擁有三列槳戰艦的艦隊。為開闢海上貿易路線，還僱傭腓尼基水手，完成了歷史上第一次環繞非洲的航行。

克列奧帕特拉七世

克列奧帕特拉七世（西元前69—30年）埃及托勒密王朝的最後一位女王，是埃及托勒密十二世的女兒，以美貌和聰穎著稱於世，即「埃及艷后」。其父死後，曾與異母兄弟托勒密十三共同治理埃及。後兩人因派系鬥爭和爭奪權力而失和。其後，她借助羅馬統帥凱撒的支持，獨佔王位，與凱撒生有一子。

凱撒死後，她毒死托勒密十四世，立她與凱撒之子為托勒密十五世，共同治理埃及。不久，她又與凱撒部

將安東尼結婚，並促使安東尼將敘利亞中部地區、腓尼基沿海城市、塞浦路斯島等羅馬東方地區贈給自己。她的行為使羅馬人對她恨之入骨，也使安東尼在羅馬的威信掃地，導致安東尼與屋大維的最後決裂。西元前31年，她和安東尼的軍隊與屋大維會戰於阿克提烏姆海角，戰敗後逃回埃及，自殺身亡。

埃及的奴隸制

埃及王國時期的奴隸制度有了更大的發展，這與法老的大規模對外戰爭密切相關。第十八王朝諸法老從敘利亞等地擄獲的戰俘，動輒以幾十萬計。不僅王室、顯貴等擁有大批奴隸，在中下級官吏、商人、普通祭司和軍官等人中也有一些人佔有了不少奴隸。掠奪性的戰爭使奴隸市場繁榮起來。奴隸遭受著沉重的壓迫和剝削，逃亡便成為了常見的現象。

古埃及後期

古埃及後期（西元前712年－332年）在西元前7世紀，亞述人入侵埃及，佔領並摧毀了許多大城市。此後

在埃及建立起了第二十六王朝。在戰爭的間歇,積極鼓勵商業和藝術的發展。但是到了西元前525年,波斯人大舉進犯邊界,把埃及併入波斯帝國並創建了第二十七王朝。

第二十八王朝到第三十王朝(包括尼克坦內布二世)的統治者當中包括最後一批獨立的埃及的統治者。波斯人徹底粉碎了埃及的獨立局面,但是儘管波斯人十分強大,他們在偉大的亞歷山大國王面前卻不堪一擊。亞歷山大在西元前332年征服了波斯帝國以及埃及,標誌著史詩般偉大的古埃及文明走到了終點。

塞易斯王朝

普薩美提克一世(西元前663年—610年在位),埃及第二十六王朝的建立者。「普薩美提克」是希臘人對這位法老的叫法。普薩美提克一世是塞易斯的統治者尼科一世的兒子,因而他建立的王朝也叫塞易斯王朝。他借助希臘僱傭軍趕走了埃及第二十五王朝末期征服埃及的亞述人,在埃及第二十王朝滅亡後第一次統一了埃及。執行獎勵工商的政策。埃及在普薩美提克一世的統治下又出現了繁榮的景象。

因新巴比倫王國勢力過於強大，普薩美提克一世在他執政末期轉而支持他原來的敵人亞述。但亞述最終在普薩美提克一世的兒子尼科二世統治時期被巴比倫—米底聯軍滅亡。

波斯征服埃及

西元前525年，波斯帝國侵佔埃及，建立第27王朝。波斯人在埃及的殘暴統治和無情劫掠，激起了伊那路斯和阿米爾泰烏斯領導的埃及人民的強烈反抗。岡比西斯在歸國途中暴病死亡。大流士一世即位為波斯帝國皇帝後，大力發展埃及經濟。為了擴大對外貿易，他下令完成法老尼科時代未開鑿完的運河。這條運河經埃及的尼羅河支流布巴斯通達紅海，對溝通地中海與紅海地區的聯繫起了很大的作用。

紙草書

也稱「紙草書卷」、「紙草紙書」。在紙草紙上寫成的書。紙草書卷的製作方法為：用生長在尼羅河三角洲的一種類似與蘆葦的莎草科植物為材料，取其莖髓切

成薄片，壓乾後連在一起製成紙莎草紙。埃及人用蘆葦莖為筆在紙上書寫象形文字，寫成後捲起。在西元前8世紀前後，紙草書卷的製作方法由中東的巴比倫傳到古代希臘和羅馬。

赫梯法典

亦稱「西臺法典」。古代赫梯奴隸制國家（今小亞細亞中部）的法典。20世紀初，發現於赫梯古都哈圖薩斯（今土耳其境內），為若干片刻有楔形文字的泥版和石板。由捷克學者赫羅茲尼譯解成功，並編成《小亞細亞出土的赫梯法典》一書。法典包括兩表，每表100條，反映了西元前15世紀左右赫梯奴隸制社會的政治、經濟狀況。法典表明，當時赫梯的奴隸制有很大發展，上層王公貴族擁有成百的奴隸，一般中小奴隸主也可擁有十個左右的奴隸。

奴隸的處境十分悲慘，奴隸主可以將他們殺之傷之，割鼻割耳，「假如奴隸反抗自己的主人，則奴隸應被投入水中」（第173條）。法典還規定保護土地私有制，凡私自在別人的土地上播種或破壞田界者，要受到嚴厲制裁（第166至第169條）。法典是為奴隸主階級的利益服務的，同時也為研究赫梯歷史提供了重要材料。

古埃及的科學成就

古埃及人在生產生活中，累積了天文、數學、醫學、物理學和化學等方面的寶貴知識，出於修建金字塔、測量土地、興修水利的需要，埃及人的幾何學知識比較發達，而在製作木乃伊的過程中，他們也累積了不少解剖學知識，並初步認識到了心臟和血液循環的關係。

東非薩哈拉農耕社會

西元前4000—前2000年，非洲東部薩哈拉的大部分地區氣候濕潤，並有大片草原可以放牧牛羊等牧畜。當時的農業也很發達。在西元前2000年之前的某個時期，這裡的氣候發生了變化。

原來每年按時出現的雨季越來越短，使得土地難以耕種，農民也無法繼續原來的生活。許多農民搬走，有些去了埃及，還有一些遷到亞洲甚至更遠的地方。

北非迦太基文明

　　迦太基由腓尼基的水手們於西元前814年建立，位於北非地中海沿岸中央，與西西里島隔海相望。它是地中海商路的匯合點，長期經營中介貿易。各種礦產、紡織物、象牙製品等常以迦太基為轉運集散地，使迦太基工商業得以迅速發展。到西元6世紀，迦太基已經是一格囊括北非、南部西班牙、科西嘉和西西里西海岸的奴隸制大帝國，長期稱霸於西部地中海地區。

迦太基在北非的擴張

　　西元前5世紀左右，迦太基開始在北非擴張，它征服了邦角半島，並獲得了迦太基以南可觀的一片土地，其中包括突尼斯的某些最肥沃的土地。迦太基在昔蘭尼加以及利比亞沿海的雷普西斯、塞卜拉泰等地都建有殖民地。雷普西斯後來成為沿加貝斯灣各殖民地的行政管理中心。在加貝斯灣，迦太基還建有祖希斯吉格西斯和塔卡帕等殖民地。再往北，還有泰奈，該城的陸地領土的南端到達海邊。

中非努比亞文化和凱爾邁文化

　　從西元前2300年起，居住在努比亞的氏族人民已會製造陶器，畜牧業在當時佔有重要地位。西元前12世紀末，努比亞形成了獨立國家——庫施王國。西元前8—前6世紀，庫施王國強大起來，曾北上入主尼羅河流域，建立起古埃及歷史上的第二十五王朝，但不久勢衰，退回努比亞。這一時期努比亞出現了凱爾邁文化。其特點是：使用表面十分光潔的薄陶器，用活人殉葬等。

阿克蘇姆國統治東非

　　阿克蘇姆帝國建於西元2世紀，它位於非洲北部紅海岸邊。到4世紀時，阿克蘇姆王埃扎納統一了埃塞俄比亞北部，征服了蘇丹的麥羅埃王國，成為東非和紅海地區的統治者。阿克蘇姆國盛行基督教，在埃扎納統治期間，興建了許多高大的獨石柱尖頂塔。570年，薩珊波斯侵佔了阿克蘇姆部分海岸屬地和通商城市。7世紀以後，阿拉伯國家興起，東、西方貿易商路北移，紅海貿易趨於衰落。再加上北方遊牧民族貝扎人的侵擾，阿克蘇姆國勢日衰。到西元1000年左右，阿克蘇姆國滅亡。

◆ 歐洲

歐洲的名稱

　　歐洲的全稱是歐羅巴洲。在希臘神話中，德米特
（Demeter）是專管農事的女神，她是宙斯的姐姐，她
保佑人間五穀豐登、人畜兩旺。在有關這位女神的畫像
中，人們總是把她畫成坐在公牛背上。

　　古代，公牛是人類不可缺少的耕畜，女神既然主管
農事，自然就要坐在公牛背上了。這位女神的另一個名
字叫歐羅巴，人們出於對女神的敬意，就把歐羅巴稱為
大洲的名字。此外，還有一個廣泛流傳的傳說：「萬神
之王」宙斯看中了腓尼基國王的漂亮女兒歐羅巴，想娶
她作為妻子，但又怕她不同意。

　　一天，歐羅巴在一群姑娘的陪伴下在大海邊遊玩。
宙斯見到後，連忙變成一匹雄健、溫順的公牛，來到歐
羅巴面前，歐羅巴看到這匹可愛的公牛伏在自己身邊，
便跨上牛背。宙斯一看歐羅巴中計，馬上起立前行，躲
開了人群，然後騰空而起，接著又跳入海中破浪前進，
帶歐羅巴來到遠方的一塊陸地共同生活。這塊陸地以後
也就以這位美麗的公主的名字命名，叫做歐羅巴了。

邁錫尼文明

邁錫尼文明，是希臘青銅時代的古希臘文明。它的存在從西元前1600年左右。「邁錫尼時期」得名於阿戈斯地區東北的邁錫尼考古遺址，在希臘南部的伯羅奔尼撒半島上。邁錫尼文明是個由武士所領銜的貴族統治，大約前1400年邁錫尼人掌握了米諾斯文明的中心克里特島的控制權，並且吸收了後者的文字線性文字來書寫自己的語言。

邁錫尼文明衰落於約前1100年，許多城市被洗劫一空，從此希臘歷史進入了黑暗時期。在這段時期，希臘的人口和文化都有大幅度的下降。希臘人自己將禍根歸結於另一族希臘人——多立安人的入侵，然而缺乏考古證據證明這個論斷。

米諾斯王宮

西元前17—前16世紀，在克里特島諾薩斯建立的米諾斯王朝處於鼎盛時期，成為愛琴海地區的霸主。米諾斯王朝建立了規模宏偉的王宮。王宮佔地兩公頃，大都是三層建築，設有供水和排水設備。

宮中結構複雜，千門萬戶，階梯走廊曲折相通，在古代神話中有「迷宮」之稱，到西元前1450年左右，米諾斯王宮遭到毀滅性破壞，克里特文明也由此衰落。

特洛伊戰爭

西元前1500年左右，希臘人的一支阿卡亞人在南希臘建立一些城邦，其中以邁錫尼最強。西元前12世紀初，邁錫尼聯合其他城邦遠征特洛伊城，特洛伊人頑強抵抗。該戰爭持續了十年，最後在「木馬計」中結束。希臘人獲勝後，毀滅了特洛伊城並大肆擄掠。希臘人雖勝，但也消耗了自己的力量，從此，邁錫尼諸城邦走向衰落。不久，另一支希臘人——多利亞人南下，征服了邁錫尼諸城邦。

木馬計

西元前1183年，希臘軍隊圍攻特洛伊城，久攻不下。於是希臘人製造了一個巨大的木馬，並將一支突擊隊隱藏在其中，並將其丟棄在城外，而其餘的希臘軍隊佯裝撤離海岸。特洛伊人以為希臘人已逃之夭夭，便將

木馬作為戰利品拖進了城。藏在木馬裡的希臘人在夜裡離開藏身之所，打開了城門，將返回的戰友放入城內，特洛伊城於是失陷。「木馬計」是古代戰爭史上使用突擊和詐敗戰術最著名的一個。

線性文字

邁錫尼文明有特別珍貴的幾千塊泥板文書留傳到今天，這種泥板上的文字和線性文字甲種不同，它是用古希臘語寫的，因此是邁錫尼人自己的文字，在考古學上稱作「線性文字乙種」。同樣的線性文字在克里特和希臘大陸都有發現。1862年，英國人文特裡斯和柴德威克經過多年鑽研，成功的釋讀了線性文字，對愛琴文明的研究做出了重大貢獻。

荷馬時代

西元前12世紀到西元前9世紀的希臘歷史稱作荷馬時代，因這一時期唯一的文字史料——《荷馬史詩》而得名。荷馬時代又稱英雄時代，是一個氏族部落盛行的時期，與邁錫尼文明相比，在社會制度方面有所倒退，但社會經濟水平卻獲得了重要的進步。

《荷馬史詩》

荷馬，生於西元前8世紀後半期的愛奧尼亞，是古希臘最著名和最偉大的詩人。他是《荷馬史詩》分《伊利亞特》和《奧德賽》兩部分的作者。《荷馬史詩》以揚抑格六音部寫成，集古希臘口述文學之大成。它是古希臘最偉大的作品，也是西方文學中最偉大的作品。《荷馬史詩》是早期英雄時代的大幅全景，也是藝術上的絕妙之作，它以整個希臘及四周的汪洋大海為主要情節的背景，展現了自由主義的自由情景，並為日後希臘人的道德觀念（進而為整個西方社會的道德觀念），立下了典範。

城邦形成

西元前8世紀至西元前6世紀，古代希臘城邦制度開始形成。在氏族社會組織逐漸解體的基礎上，希臘各地相繼形成了200多個城邦。城邦在形成之初，政權一般都由原來的氏族貴族把持。原由氏族貴族成員組成的長老議事會轉化為城邦的貴族會議，掌握著決定城邦事務的大權。部落軍事首領演變為城邦的執政官，負責處理

城邦的行政事務。部落民眾大會則轉變為城邦的公民大會,在形式上保留了對貴族會議的提議進行表決的權力。

　　這樣的城邦政權組成形式被稱為貴族政治。由於社會歷史條件和各自力量對比的差異,後來各個城邦的政權形式發生了不同的變化。有的城邦從貴族政治演化為民主政治,有的城邦則長期維持著貴族政治。

斯巴達國家的形成

　　斯巴達城邦位於伯羅奔尼撒半島南部的拉哥尼亞。西元前1100年左右,一批多利亞人組成的希臘部落侵入了拉哥尼亞,他們在西元前10世紀至西元前9世紀,由五個村落聯成一個新的政治中心,這就是多利亞人的斯巴達城。其後,斯巴達人向外殖民,逐漸征服了拉哥尼亞地區,又佔領了整個美塞尼亞,到西元前7世紀,斯巴達國家的基本體制大致上已經形成。

　　斯巴達是奴隸制貴族專政的國家。為了維持強大的軍事力量,斯巴達國家實行嚴格的軍事訓練制度。

雅典國家的形成

　　雅典位於希臘的阿提卡半島。荷馬時代，雅典處於原始公社解體的時期。隨著工商業發展和氏族成員的分化，到西元前8世紀左右，雅典已經建立起了中央議事會和行政機構，雅典國家初步形成了。

梭倫改革

　　西元前6世紀，隨著雅典工商業的發展，雅典出現了新興的工商業者階層。由於奴隸佔有制的發展，雅典許多平民因債務而受到氏族貴族的奴役，平民反對氏族貴族剝削、壓迫和獨攬政權的鬥爭十分激烈。

　　西元前594年，梭倫被選為首席執政官，成為鬥爭雙方的仲裁人，並以立法者身分實行一系列經濟、政治和社會改革。梭倫一系列發展工商業的措施，大大促進了雅典手工業和商業的發展，使其很快成為古代希臘最繁榮的工商業城邦。同時，加強了工商業奴隸主和平民的經濟實力，為雅典民主政治的轉變奠定了經濟基礎。

克里斯提尼改革

西元前509到前508年，雅典民主政治家克里斯提尼尼針對梭倫改革未深入觸動雅典選舉體制和血緣團體的情況，在希臘人民推翻僭主政治的形勢下，進行了比較徹底的改革。改革內容包括：創設十個地區部落作為雅典各項公職的選舉單位；以五百人會議代替四百人會議作為最高行政機構；設立十將軍委員會作為最高的軍事機構，委員會由十個地區部落各選一人組成，一年一任，輪流統帥軍隊，其中一人為首席將軍；設立了陶片放逐法，以秘密投票的方式表決流放危害國家的分子，打擊貴族頑固分子。克里斯提尼改革完成了雅典由氏族過渡到國家的歷史過程，確立了奴隸主民主政治。

希波戰爭

由於波斯帝國不斷向西侵略，企圖征服希臘半島。西元前500年，小亞細亞的米利都等城邦掀起了反抗波斯統治的暴動，這個暴動成了希波戰爭的導火線。西元前492年—前449年，波斯海陸大軍對希臘發起多次進攻，但均已失敗告終。希波戰爭確立了希臘在東地中海

的霸權，為希臘社會經濟的發展和文化的繁榮提供了有利條件。

伯里克利時代

伯里克利時代是指古希臘的一個歷史時期，其始於波希戰爭的終結，終於伯里克利離世或伯羅奔尼撒戰爭結束。在同一時期大批在政治，哲學，建築，雕塑，歷史以及文學上卓有成就的希臘人中，作為希臘將軍、政治家和演說家，伯里克利仍然引人注目。

他支持文學藝術，給雅典帶來之後再也未曾有過的輝煌，他還主持大量公共項目以改善公民生活。所有這些使得雅典進入黃金時代，亦為古希臘的全盛時期，故被稱為伯里克利時代。

伯羅奔尼撒同盟

伯羅奔尼撒同盟建於西元前6世紀中葉。古稱「拉凱達伊夢人及其同盟者」。旨在維護入盟各邦特別是斯巴達奴隸主的利益。斯巴達在同盟中佔據領導地位，有權召集同盟代表大會和任命戰時同盟軍最高統帥。希波

戰爭中，該同盟曾與雅典聯合抗擊波斯入侵。戰後，因與雅典及其同盟者矛盾激化，導致伯羅奔尼撒戰爭的爆發。該同盟獲勝後，成為以斯巴達為盟主的全希臘同盟。此後，斯巴達積極扶植貴族勢力，干涉他邦內政，引起盟邦不滿。

前394年，底比斯聯合雅典、科林斯等城邦向斯巴達開戰。前371年，斯巴達在留克特拉之戰中敗北，該同盟亦於前366年解散。

伯羅奔尼撒戰爭

伯羅奔尼撒戰爭是以雅典為首的提洛同盟與以斯巴達為首的伯羅奔尼撒聯盟之間的一場戰爭。這場戰爭從前431年一直持續到前404年，其中雙方幾度停戰，最後斯巴達獲勝。

這場戰爭結束了雅典的經典時代，結束了希臘的民主時代，強烈地改變了希臘的國家。幾乎所有希臘的城邦都參加了這場戰爭，其戰場幾乎涉及了整個當時希臘語世界。在現代研究中也有人稱這場戰爭為古代世界大戰。

馬拉松之戰

西元前490年9月，達提斯和阿塔非尼斯率波斯軍約2萬餘人在雅典城東北約40公里的馬拉松平原登陸。雅典軍隊在米太亞德指揮下佔據有利地形，針對波斯軍慣用的中央突破戰術排兵佈陣。12日晨，會戰開始。雅典軍率先發起進攻。波斯軍實施反擊。雅典中軍且戰且退，誘使波斯軍拉長戰線，兩翼隨即發起攻擊，形成夾擊之勢，重創波斯軍，波斯軍潰敗，乘船撤退。此戰，雅典軍戰術巧妙，以少勝多。雅典軍首戰大捷，增強了希臘人團結抗戰的必勝信心。傳說希臘士兵費迪皮迪茲帶傷從馬拉松跑回雅典宣布勝利，之後力竭而死。

薩拉米海戰

馬拉松之戰後，希波雙方在阿提卡的薩拉米灣決戰。波斯的大型戰艦在狹窄的海灣移動十分困難，而希臘小型戰艦卻運轉自如。雅典士兵士氣旺盛，英勇戰鬥，給敵艦以猛烈打擊。波斯海軍大敗，損失戰艦三百餘艘，而希臘僅損耗40艘戰艦。薩拉米海戰使希臘基本上取得了反對波斯戰爭的勝利。

城邦貧民起義

西元前401年，希臘在北非的殖民城邦西林尼的貧民爆發起義。他們殺死500多個富人，逃亡的富人反攻，鎮壓了貧民暴動。西元前398年，斯巴達的破產公民暴動，後來被鎮壓。西元前392年，科林斯發生貧民起義，一些富人躲進神廟，貧民不顧宗教戒律，衝進神廟殺掉富人。西元前370年，亞哥斯貧民起義，起義群眾用棍棒擊打富人1000多人，瓜分了他們的財產。這段時間，希臘各個城邦貧富之間的鬥爭都很激烈。

希臘字母

希臘字母從腓尼基字母的北閃米特字母中派生出來。標準的希臘字母有24個，其中有7個元音字母，它是現代歐洲一切字母的祖先。

修昔底德

修昔底德（西元前460—前400），古希臘歷史學家。西元前424年被推選為雅典的「十將軍」之一，因

在伯羅奔尼撒戰爭中援助不力，被撤職放逐。在放逐期間，他構思寫作歷史，搜集資料，結合親身經歷，經30年的努力，終於寫成編年記事體裁的《伯羅奔尼撒戰爭史》。該書共9卷，是研究古希臘的重要史料。

畢達哥拉斯

畢達哥拉斯（約西元前580年－前500年），古希臘數學家、哲學家。無論是解說外在物質世界，還是描寫內在精神世界，都不能沒有數學！最早悟出萬事萬物背後都有數的法則在起作用的，是生活在2500年前的畢達哥拉斯。畢達哥拉斯本人以發現勾股定理（又稱畢達哥拉斯定理，即畢氏定理）著稱於世。最早把數的概念提到突出地位的是畢達哥拉斯學派。他們很重視數學，企圖用數學來解釋一切。

希羅多德

在古羅馬時代，希羅多德就被譽為「歷史之父」。所著《歷史》敘述西亞、北非及希臘諸地區之歷史、地理及民族習俗、風土人情。敘述了波斯人和希臘人在西

元前478年以前數十年間的戰爭。該書也是一部文學作品，亦作《希臘波斯戰爭史》。希羅多德創造了敘述歷史的新方法，把記載史實和加以闡釋結合起來。

對於歷史事件，希羅多德並沒有首尾一貫地解釋發生的原因，時而訴諸神的意志和命運，時而認為取決於個別人物的才能，也有時借助於對歷史或地理情況的分析。希羅多德雖然推崇雅典民主，但充分肯定古代亞非人民的文化成就。

亞里士多德

亞里士多德（西元前384—前322年），古希臘斯吉塔拉人，是世界古代史上最偉大的哲學家、科學家和教育家之一。西元前335年，他在雅典辦了一所叫呂克昂的學校，被稱為逍遙學派。

亞里士多德師承柏拉圖，主張教育是國家的職能，學校應由國家管理。他首先提出兒童身心發展階段的思想；贊成雅典健美體格、和諧發展的教育，主張把天然素質，養成習慣、發展理性看作道德教育的三個源泉，但他反對女子教育，主張「文雅」教育，使教育服務於閒暇。他的著作是古代的百科全書，據說有四百到一千

部，主要有《工具論》、《形而上學》、《物理學》、《倫理學》、《政治學》、《詩學》等。他的思想對人類產生了深遠的影響。他創立了形式邏輯學，豐富和發展了哲學的各個分支學科，對科學作出了巨大的貢獻。

伊比鳩魯

　　伊比鳩魯（前341—前270年）古希臘哲學家、無神論者，伊比鳩魯學派的創始人。伊比鳩魯成功地發展了阿瑞斯提普斯的享樂主義，並將之與德謨克利特的原子論結合起來。他的學說的主要宗旨就是要達到不受干擾的寧靜狀態。

　　曾就學於柏拉圖學派的潘菲勞和德謨克利特學派的瑙西芬尼等人，並熟悉亞里士多德和阿那克薩戈拉等早期哲學家的哲學。伊比鳩魯繼承、修正和發展了德謨克利特的哲學，建立起一個思想上統一的完整體系。伊比鳩魯的著作多達300多卷，其中重要的有《論自然》、《準則學》、《論生活》和《論目的》等。現存的只有3封書信和一些殘篇。

蘇格拉底

蘇格拉底（西元前469—前399年）蘇格拉底是著名的古希臘哲學家，他和他的學生柏拉圖及柏拉圖的學生亞里士多德被並稱為「希臘三賢」。他被後人廣泛認為是西方哲學的奠基者。

蘇格拉底無論是生前還是死後，都有一大批狂熱的崇拜者和一大批激烈的反對者。他一生沒留下任何著作，但他的影響卻是巨大的。哲學史家往往把他作為古希臘哲學發展史的分水嶺，將他之前的哲學稱為前蘇格拉底哲學。作為一個偉大的哲學家，蘇格拉底對後世的西方哲學產生了極大的影響。

犬儒學派

這個學派的創始人是蘇格拉底的弟子安提斯泰尼。他主張返回自然，頌揚儉樸自足和自我控制，對勢利的社會習俗持諷刺態度，鄙棄奢侈和一切人為的感官快樂。西元前3世紀早期，犬儒學派非常盛行。

古希臘三大悲劇作家及作品

埃斯庫羅斯——《波斯人》、《被縛的普羅米修斯》

索福克勒斯——《俄狄浦斯王》、《安提戈涅》

歐里庇得斯——《美狄亞》、《特洛伊婦女》

古希臘的奧運會

古希臘奧運會於西元前776年舉行，之後每四年舉行一次。古代奧運會對組織者、運動員和競賽辦法均有較為嚴格的規定。參賽者必須是有希臘血統的自由民，婦女、奴隸、戰俘和異族不能參賽。

參賽運動員必須經過10個月以上的訓練，並且奧運會前必須在伊利斯進行一個月的集中訓練，才最終被允許參賽。同時，禁止婦女觀看，觸犯者從山崖上拋下摔死。古代奧運會只取第一名，最初的獎勵偏重於榮譽，以後逐漸發展成為優厚的物質獎賞並授予某種優越的特權。

希臘神話

希臘神話包括神的故事和英雄傳說兩個部分。神的故事涉及宇宙和人類的起源、神的產生及其譜系等內容。英雄傳說起源於對祖先的崇拜，它是古希臘人對遠古歷史和對自然界鬥爭的一種藝術回顧。

這類傳說中的主人公大都是神與人的後代，半神半人的英雄。他們體力過人，英勇非凡，體現了人類征服自然的豪邁氣概和頑強意志，成為古代人民集體力量和智慧的化身。最著名的傳說有赫拉克勒斯的十二件大功，伊阿宋取金羊毛等。希臘神話中的神個性鮮明，沒有禁慾主義因素，也很少有神秘主義色彩。因此，希臘神話不僅是希臘文學的土壤，而且對後來的歐洲文學有著深遠的影響。

馬其頓征服希臘

馬其頓位於希臘的最北部。西元前5世紀後期至西元前4世紀初期，馬其頓國家逐漸形成。西元前4世紀中期，馬其頓王腓力二世實行一系列改革，加強了國家的經濟和軍事力量，開始向希臘擴張。西元前338年，馬

其頓軍與希臘軍進行決戰，結果，希臘聯軍戰敗。次年，腓力二世召開希臘會議，決定由馬其頓領導希臘對波斯作戰，此後各城邦名存實亡了。

腓力二世改革

西元前359年—西元前336年馬其頓王腓力二世在他的統治期間，推行了政治、經濟和軍事改革。改革內容：加強王權，削弱貴族勢力；改革幣制，銀幣採用色雷斯制、金幣採用阿提控制。促進了與希臘、波斯的貿易；建立新城市，打開出海口；軍事改革，他建立了一支常備軍，訓練了一種戰鬥力很強的「馬其頓方陣」，並建立了強大的海軍艦隊。腓力二世在位的20多年間，馬其頓由一個內亂不止的小國崛起為希臘城邦的首領，並在軍事、經濟等方面累計了巨大的潛力，已經為其子亞歷山大的大征服準備好了充分條件。

亞歷山大里亞文化的繁榮

亞歷山大里亞是亞歷山大在尼羅河三角洲所建的都城，經過托勒密王朝的經營，成為當時各國貿易和文化

交流的中心。城內圖書館藏書70萬卷，幾乎包括了所有古希臘著作。而博物館召集了許多科學家和藝術家，一些學者在亞歷山大里亞取得了重要的學術成就，對後來的羅馬文化以及近代歐洲文化都產生了深刻的影響。

安提柯王朝的建立

亞歷山大死後，馬其頓和希臘的統治權幾經易主，最終被其部將德米特里所取得。西元前285年，多瑙河流域的克勒特人入侵希臘，西元前277年，德米特里的兒子安提柯·貢那特聯合希臘各城邦擊退了克勒特人。次年，他被宣佈為馬其頓國王，建立起安提柯王朝。

阿基米德

阿基米德（西元前287—前212年）是古希臘物理學家、數學家，靜力學和流體靜力學的奠基人。阿基米德在力學方面的成績最為突出，他有系統並嚴格地證明了槓桿定律，為靜力學奠定了基礎。在總結前人經驗的基礎上，阿基米德系統地研究了物體的重心和槓桿原理，提出了精確地確定物體重心的方法，指出在物體的重心

處支起來，就能使物體保持平衡。他在研究機械的過程中，發現了槓桿定律，並利用這一原理設計製造了許多機械。他在研究浮體的過程中發現了浮力定律，也就是著名的阿基米德定律。

歐幾里得

歐幾里得（西元前330—前275年）是古希臘數學家，以其所著的《幾何原本》聞名於世。歐幾里得將西元前7世紀以來希臘幾何積累起來的豐富成果整理收集起來，並且加以系統化，他從少數已被經驗證明的公理出發，運用邏輯推理和數學運算的方法演繹出許多定理，寫成了十三卷的《幾何原本》，使幾何學成為一門獨立的、演繹的科學。《幾何原本》是古希臘科學的驕傲，它的基本原理和定理直到現在仍是科學教科書的一部分。

《伊索寓言》

《伊索寓言》是世界上最古老的寓言集。被譽為西方寓言的始祖。《伊索寓言》通過簡短的小寓言故事來

體現日常生活中那些不為我們察覺的真理，這些小故事
各具魅力，言簡意賅，平易近人。不但讀者眾多，在文
學史上也具有重大影響。其故事真可以說是家喻戶曉，
如「龜兔賽跑」、「狼來了」等。在幾千年後的今天，
《伊索寓言》已成為西方寓言文學的範本，也是世界上
流傳最廣的經典作品之一。

托勒密王朝

亞歷山大三世死後，帝國分裂，埃及被他的部將托
勒密佔據。西元前305年，托勒密正式稱王，開創了埃
及歷史上的托勒密王朝。西元前3世紀時托勒密王朝的
鼎盛時期。西元前3世紀末，社會矛盾尖銳，人民起義
不斷，托勒密王朝開始衰落，到西元前30年終為羅馬所
吞併。

羅馬元老院

羅馬元老院是一個審議的團體，在古代羅馬時，元
老院是兼有立法和管理權的國家機關，最初是氏族長者
會議，共和時期前任國家長官等其他大奴隸主也進入元

老院。元老院有權批准、認可法律，並通過執政官掌管財政外交，統轄行省和實施重大宗教措施等。帝國時期，政權日益集中於皇帝，元老院實權日削，已失去其原來的地位，但仍然是貴族統治的支柱。

王政時代

羅馬王政時代是指古羅馬在西元前753年到前509年這一時期，又稱為羅馬王國，伊特魯里亞時期。是羅馬從原始社會的公社制度向國家過渡時期。此時的古羅馬還沒有成為強大的帝國，只不過是個微不足道的小鎮，尚未建立共和國，是一個傳統的君主制國家。

早期的羅馬共和國

從西元前509年「王政」結束，到西元前3世紀初期通常被稱為早期共和國。這一時期包括兩個歷史過程：國家機構通過平民和貴族鬥爭得到了調整，從而加強了共和國的統治；對外通過了一系列的戰爭征服了義大利半島，羅馬成為西部地中海的主人。

羅馬征服義大利

　　「王政」結束的初期，羅馬在義大利半島的勢利還不算強大。但依靠良好的軍事組織和有效的對外政策，羅馬經過斷斷續續兩百多年的征戰，到西元前3世紀70年代，終於統一了除北部的波河流域以外的義大利全境。義大利的統一有利於當地社會經濟的發展，對羅馬和義大利的歷史都具有重要意義。

馬略的軍事改革

　　西元前107年馬略當選為執政官後，對羅馬進行了軍事改革。他改行募兵制，凡志願符合服役條件的公民皆可應募入伍。服役期為16年，國家負擔武器裝備並發薪餉，退伍後分給土地。把屬於義大利城市和農村的自由民徵募入伍，羅馬兵源問題得到解決。馬略整頓軍紀，嚴格訓練，使士兵戰鬥力大為提高。西元前107年，馬略以執政官身分率領他訓練的新兵奔赴戰場，扭轉了戰局，取得了戰爭的勝利。

布匿戰爭

　　西元前264—前146年古代羅馬與迦太基之間的3次戰爭。羅馬人稱迦太基人為「布匿」，故名。第一、二次布匿戰爭是作戰雙方為爭奪西部地中海霸權而進行的擴張戰爭，第三次布匿戰爭則是羅馬以強凌弱的侵略戰爭。在布匿戰爭期間，羅馬佔領了歐、亞、非的廣大地區，掠奪了大量奴隸和財富，這對羅馬奴隸佔有制社會內部階級關係的變化、經濟的發展以及地中海地區後來的歷史命運，都產生了巨大影響。

漢尼拔

　　漢尼拔・巴卡（西元前247—前182年）北非古國迦太基著名軍事家。在特拉比亞戰役（西元前218年）、特拉西美諾湖戰役（西元前217年）和坎尼戰役（又叫「康奈大戰」）（西元前216年）中巧妙運用計策（地形、兵種及天氣變化）引誘並擊潰羅馬人。現今仍為許多軍事學家所研究之重要軍事戰略家之一。

西西里起義

西西里島是有名的「穀倉」，使用奴隸的大農莊在這裡發展的較早，農莊主對奴隸進行殘酷的剝削和虐待。西元前138年，西西里中部恩那城的奴隸掀起暴動，西南部的阿格裡根特也爆發了奴隸起義。統治者派遣大軍瘋狂圍攻恩那城，西元前132年城陷，起義失敗。

前三頭同盟

西元前73年，羅馬爆發了斯巴達克斯奴隸大起義。在鎮壓這次起義過程中，蘇拉的兩位部將克拉蘇和龐培一度成了羅馬的風雲人物。但是他們因為和元老院的衝突而廢除了蘇拉留下的制度。西元前60年，克拉蘇、龐培與蓋厄斯・儒略・凱撒結成秘密的政治同盟，一起反對元老院，史稱「前三頭同盟」。

後三頭同盟

凱撒死後，羅馬政局又趨動盪。羅馬政壇上出現了3位重要人物：凱撒的大將安東尼、凱撒的繼承人屋大

維、騎兵長官雷必達。安東尼和雷必達依靠的是強大的
羅馬軍團，屬實力派人物，屋大維當時僅是一個18歲的
青年，但他胸懷大志，頗具政治頭腦，他依靠的是凱撒
的財產和聲望，經幾度縱橫捭闔之後，三人於西元前43
年秋結成政治同盟，史稱「後三頭同盟」。

奧古斯都

　　屋大維（西元前63—西元14年）是羅馬帝國的開國
君主，統治羅馬長達43年。西元前27年，屋大維實行元
首制，獨攬政治、軍事、司法、宗教大權，統治羅馬長
達40年以上。他結束了一個世紀的內戰，使羅馬帝國進
入了相當長一段和平、繁榮的輝煌時期。歷史學家通常
以他的頭銜「奧古斯都」（尊崇的意思）來稱呼他。

三世危機

　　西元前2世紀末到3世紀末，羅馬的奴隸制社會在經
濟、政治方面爆發了全面危機，史稱三世危機。統治集
團的腐朽和外族的入侵，導致農業萎縮、商業衰落、城
市蕭條、財政枯竭、政治混亂、奴隸起義此起彼伏，羅
馬社會陷於動盪之中。

君士坦丁大帝獨裁

305年，戴克里先與四帝共治中另一個統治者馬克西米安同時退位。經過爭奪帝位的混戰，政權落到君士坦丁手中。他廢除四帝共治制，成為獨裁君主。他擴充了官僚機構，親自任命民政和步、騎兵長官等高級官員。同時，他又將帝國分為高盧、義大利、伊利里亞和東方四個大政區，下設行政區，再往下為各行省。330年，君士坦丁將帝國首都遷到東方的拜占庭，並將其改名為君士坦丁堡，號為新羅馬。

羅馬帝國的分裂

從西元3世紀開始，羅馬帝國開始出現統治危機。國家大權落到了宮廷禁衛軍手中。君士坦丁死後，他的幾個兒子開始爭權奪利的鬥爭。帝國又分裂成東西兩部分。羅馬帝國的版圖從此被分為兩塊，東羅馬帝國的領土包括希臘、小亞細亞、敘利亞、巴勒斯坦和埃及；西羅馬帝國的領土包括義大利、高盧、不列顛、西班牙等地。西羅馬帝國在西元476年宣告滅亡，而東羅馬帝國一直延續到西元1453年。

四大「蠻族」掌權

瓦倫提尼安死後20年間，西部先後出現了八個「皇帝」，但是政權掌握在四大「蠻族」出身的首領李希梅爾、岡多拜德、歐瑞斯特和奧多雅克手中。八帝之中由他們廢立者就有六人。476年，日耳曼人奧多雅克廢奧古斯都路斯皇帝，他自稱為「王」而不稱皇帝，黃帝制度在西部被廢除，西羅馬帝國也由此滅亡。

◆ 美洲

美洲古代文明

美洲的名稱因16世紀地理大發現而出現，15世紀末以前，美洲的居民是印第安人，其中瑪雅人、阿茲特克人、印加人創造的文化水平最高，被人們稱作三大文明中心。他們創造的光輝燦爛文明，因16世紀西班牙的入侵而被打斷。

奧爾梅克文明

奧爾梅克文明於西元前1200年左右產生於中美洲聖洛倫索高地的熱帶叢林當中。聖洛倫索是早期奧爾梅克文明的中心，在繁盛了大約300年後，於西元前900年左右毀於暴力。其後奧爾梅克文明的中心遷移到靠近墨西哥灣的拉文塔。奧爾梅克文明最終在西元前400年左右消失，但它影響了大量的中美洲文明。奧爾梅克文明的許多特徵，如金字塔和宮殿建造，玉器雕琢，美洲虎和羽蛇神崇拜也是後來中美洲各文明的共同元素。

帕拉卡斯文化

西元前550—前200年，帕拉卡斯文化在秘魯利馬南部發展起來。帕拉卡斯人已經掌握不少耕種技術，能夠種植玉米、豆類、花生、甘薯和絲蘭等。手工業方面，帕拉卡斯人是刺繡和織布的能手，使用了其他地方還不知道的先進技術，刺繡圖案無所不包。

在2000多年後發現於此地的衣服上，人們還可以分辨出大約100種顏色。帕拉卡斯人死後都被製成木乃伊。經過晾乾和熏制遺體，與紡織品、假頭顱和陶器等一起安葬。

摩羯文化

約西元100年左右，摩羯文化出現在美洲培爾北部的廣大土地上，當時這裡的居民都是技術嫻熟的農民。他們挖渠灌溉田地，用鳥糞作肥料。他們修建了金字塔式的建築，稱為「華卡」。其中最大的華卡・德爾・索爾，高達41米以上，另有一個華卡修建在希班海岸。

摩羯人還是偉大的藝術家，他們是南美最高明的陶工。他們刻在陶器上的文字，與迄今為止所發現的任何一種文字都不相似。當時的金屬冶煉技術也非常發達。

◆ 亞洲

阿卡德王國的興亡

阿卡德地區位於兩河流域北部。約在西元前2371年，阿卡德城的國王薩爾貢一世征服阿卡德地區，建立了統一的阿卡德國家。後來，阿卡德又經過多次戰爭，征服了蘇美爾諸城邦，第一次統一了兩河流域南部的巴比倫尼亞地區。不過，阿卡德王國的統治並不穩定，在歷經100多年的統治後被侵入兩河流域的庫提人所滅。

神廟經濟

在蘇美爾城邦經濟生活中，神廟占主要地位。神廟土地分為三類：

1.祭田，由奴隸和喪失公民權依附於神廟的自由民耕種，收入供神廟消費。

2.分糧田，分給神廟管理人員、手工業者合身妙衣服者作為職田或服役分地。

3.出租地，出租給個人，地租用穀物或引資支付。神廟經濟控制在以城邦首領為首的奴隸主貴族手中。至早王朝後期，城邦首領逐漸把神廟土地逐漸轉變為王室經濟。

烏爾第三王朝

烏爾第三王朝又稱為烏爾帝國，在阿卡德王朝幾世紀後興起。烏爾-納姆在約西元前2113年建立烏爾第三王朝，在位期間稱霸美索不達米亞南部諸城邦，並頒布《烏爾納姆法典》，為目前所知最早的法典。烏爾納姆曾擊敗烏圖赫加爾，滅烏魯克。約西元前2006年，埃蘭、古提人和蘇巴里人聯合擊滅烏爾。

楔形文字

楔形文字的發明是古代兩河流域的最大文化成就之一。西元前3000年左右,蘇美爾人創造出了一種象形文字,並習慣在半乾的黏土板上用削尖的蘆葦稈、木棒書寫,筆畫形狀很像木楔,所以稱這種文字為楔形文字。

《烏爾納姆法典》

《烏爾納姆法典》是歷史上最早的一部成文法典。它是古代西亞烏爾第三王朝創始者烏爾納姆頒布的。它適應奴隸制的發展,主要用來保護奴隸佔有和私有制經濟,鎮壓奴隸和貧民的反抗。法典提出禁止欺凌孤兒寡婦,不許富者虐待貧者,這反映了當時社會貧富分化的嚴重情況。

蘇美爾人的天文和數學

蘇美爾人按照月亮的盈虧把一年分為12個月,共354天,同時設閏月補足與太陽年之間的差距。蘇美爾人還

知道10進位制和60進位制，其中60進位制在古代兩河流域的應用更為廣泛。我們現在以60進位制把時間時、分、秒劃分，把一個圓分為360度，都是繼承了蘇美爾人的成果。

他們的面積單位、質量單位也多採用60進位制。後來的古希臘、羅馬也採用他們的一些質量單位，歐洲有的地方甚至一直沿用到18世紀。

《吉爾伽美什》

《吉爾伽美什》是迄今所知人類歷史上最早的史詩，它是兩河流域的人民創造出的許多優美的文學作品中最出色的一部。該詩描寫了蘇美爾人烏魯克城的國王吉爾伽美什的神話式傳奇故事，頌揚了為民建立功勳的英雄，反映了古代兩河流域人民征服自然，探索人生奧秘的樸素願望。

這部作品產生於蘇美爾城邦時代，以後經過歷代人民口頭相傳、加工錘煉，至古巴比倫時期被編定成書。全詩共3000多行，用楔形文字刻在12塊泥板上。

古巴比倫文明

亞洲西部的幼發拉底河和底格里斯河自西向北向東南流經今天的伊拉克境內，注入波斯灣。古希臘人把兩河流域稱作「美索不達米亞」。兩河文明最著名的代表是巴比倫，所以又把西亞文明統稱為巴比倫文明。

西亞古文明與埃及文明同時在西元前3500年開始，但西亞歷史幾經曲折興衰後，又有波斯、安息與薩珊的1000多年發展。它最後由中世紀的阿拉伯文明繼承而成為東方文明的一大支系。

兩河流域的天文成就

古代巴比倫人很注重天文觀測，積累了許多天文資料。當時人們已經能夠把五大行星金、木、水、火、土和恆星區分開來，而且對五大行星的運行軌道也觀測的相當準確。巴比倫人運用天文知識，制定了曆法，並且發明了測定時間的日晷和水鐘。這些成就對後世歐洲天文學的發展產生了很大的影響。

新巴比倫王國

又稱迦勒底，大約處於古代美索不達米亞南部。西元前630年，迦勒底人的領袖那波帕拉薩爾乘亞述帝國內亂之機，發動了反抗亞述統治的起義，並於西元前626年，建立了新巴比倫王國。後來與在伊朗高原西北部的米底結成聯盟，共同進攻亞述帝國，最後在西元前612年攻陷亞述首都尼尼微，消滅亞述帝國。

漢摩拉比統治

南部兩河流域的歷史，到漢摩拉比統治時期，已進入奴隸制帝國時代。漢摩拉比所建立的奴隸制帝國，實行強有力的中央集權的君主統治。

為緩和征服者與被征服者之間的矛盾，有利於統治，漢摩拉比對不同地區的文化傳統，採取較謹慎的態度，盡力避免傷害被征服地區原有居民的宗教感情，為各城市重建或新建神廟。同時，他還努力普及阿卡德語和阿卡德文字。漢摩拉比制定了古代奴隸制社會第一部較完整的法典—《漢摩拉比法典》。

「巴比倫之囚」

埃及法老普薩姆提克於西元前590年進佔巴勒斯坦，使得尼布甲尼撒二世於西元前587年進軍巴勒斯坦，包圍耶路撒冷，在18個月後，由於饑荒和內部分裂，耶路撒冷終於在西元前586年陷落。他將耶路撒冷全城洗劫一空，拆毀城牆、神廟、王宮和民居，並下令將猶太國王齊德啟亞帶到巴比倫去示眾，而全城居民則全被俘往巴比倫尼亞，史稱「巴比倫之囚」。

《漢摩拉比法典》

《漢摩拉比法典》由古巴比倫王國第六代王漢摩拉比制定，是目前所知的世界上第一部比較完整的成文法典。其刻在一根高2.25米，上周長1.65米，底部周長1.90米的黑色玄武岩柱上，共3500行，正文有282條內容，用阿卡德語寫成。法典竭力維護不平等的社會等級制度和奴隸主貴族的利益，比較全面地反映了古巴比倫社會的情況。法典分為序言、正文和結語三部分。正文共有282條，內容包括訴訟程序、保護私產、租佃、債務、高利貸和婚姻家庭等。

哈拉巴文化的興衰

20世紀初，考古學家在印度河流域發掘出許多城市和村落的遺址，其中最大的城市遺址是摩亨佐‧達羅和哈拉巴，因此當時的文化也被稱為哈拉巴文化。

這種文化大約出現在西元前2500年至西元前1750年，當時居民主要從事農業，手工業和商業貿易也很發達。西元前18世紀，印度河文明衰落了。

雅利安人入侵南亞大陸

約西元前20世紀中葉，屬於印歐語系的遊牧部落從中亞和高加索一帶侵入北印度，自稱雅利安人。土著居民與雅利安人展開了激烈的鬥爭，有的被殺，有的逐放山林，也有的淪為奴隸。

雅利安人入侵南亞時處於青銅時代，主要從事畜牧業、馴養業等，後來農業成了他們的主要生產部門，逐步的手工業也有所發展，原始社會開始解體。

種姓制度

西元前20世紀，雅利安人入侵印度，征服了當地的土著居民，侵入者自稱雅利安人，意為「高貴者」，稱土著為「達薩」，意為「敵人」。

雅利安人侵入印度之初，又根據膚色，將白皮膚的雅利安人稱為「雅利安瓦爾那」，稱黑皮膚土著為「達薩瓦爾那」「瓦爾那」意為「顏色」，漢譯為「種姓」。

婆羅門教

古代印度奴隸社會最早的多神教，約形成於西元前7世紀。它把人分成四等，認為婆羅門至上，是「人間之神」。

該教認為人死後靈魂轉生，如生前按規行事，死後靈魂便歸於梵天；行為差的則轉為高級種姓、低級種姓，甚至畜生。西元前8世紀以後，逐漸演變為印度教，流傳至今。

《奧義書》

《奧義書》是婆羅門教的一部哲學著作。它有很多部，是父傳子、師傳高徒的意思。此派哲學認為「梵」為世界的本質，萬物均從此而生，「我」即靈魂，乃梵之化身，住於人和一切生物體內。《奧義書》的要旨即梵我合一，梵即我，我即梵。

吠陀文學

吠陀文學指早期的以「吠陀」為名的文獻集及其所附錄的文獻。所用語言較古典梵語為古老，稱為吠陀語。這些文獻記錄了上古時期的巫術、宗教、禮儀、風俗、社會思想、哲學等活動。最古的集子名為《梨俱吠陀》和《阿達婆吠陀》，其中保存了一些優美的古詩。

稍晚的《夜柔吠陀》和一些「梵書」，已發展了散文文體。更晚的《森林書》和一部分較古的《奧義書》，以及各個傳授「吠陀」的學派所撰寫的文獻和各種《經書》中，文學作品不多，語言已接近古典梵語。

沙門新思潮

　　進入列國時代後，隨著社會政治經濟的迅速發展，許多代表不同階級和階層的新思潮湧現出來，與占統治地位的婆羅門教展開了激烈地鬥爭。這個時代是古印度歷史上的百家爭鳴時代，也是世界歷史上的一個思想大解放的時代。

孔雀帝國的建立

　　西元前327年，馬其頓國王亞歷山大征服了印度河上游地區。西元前325年，亞歷山大退兵後，北印度政局動盪。一個名叫旃陀羅・笈多的人趁機起兵，推翻了難陀王朝。因其出生於孔雀宗族，所以此王朝就被稱為孔雀王朝，這個帝國也被稱為孔雀帝國。

阿育王

　　阿育王，印度孔雀王朝君主（西元前304年－前232年），在位阿育王的知名度在印度帝王中是無與倫比

的，他對歷史的影響同樣也可居印度帝王之首。他一生的業績可以明顯分成兩個部分，前半生是「黑阿育王」時代，主要是經過奮鬥坐穩王位和通過武力基本統一了印度，後半生是「白阿育王」時代，在全國努力推廣佛教，終於促成了這一世界性宗教的繁榮。

《羅摩衍那》

《羅摩衍那》與《摩訶婆羅多》並稱為印度兩大史詩。這首史詩的主要內容是：十車王的長子羅摩因受王后吉迦伊的嫉妒而被逐放14年，妻子悉達和弟弟羅什曼那隨行，在森林中悉達被魔王劫掠，後得到猴王的幫助，夫妻團聚，羅摩也恢復了王位。

古印度的自然科學

古代印度在天文學和數學方面有很高的成就。首先在曆法上，農業的發展要求準確地曆法，古代印度人把一年分為12個月，每個月為30天，每隔5年加一個閏月，以調整歲差。另外，10個數字符號也是古代印度人民對人類文化的一個貢獻，這10個數字後經阿拉伯人略加修改傳至歐洲，進而風靡整個世界。

佛教的產生與釋迦牟尼

西元前6世紀，佛教作為沙門新思潮諸派之一，伴隨著古印度列國時代政治、經濟和文化的巨大變化而產生。釋迦牟尼是這個教派的創始人，其本名是喬達摩・悉達多。傳說他坐在一株菩提樹下，經過長時間的靜思默想，終於徹悟，成為「佛陀」（覺者）。佛教打出反對「婆羅門至上」的旗幟，提出了「眾生平等」的口號。

四諦說

佛教最基本教義。「諦」即真理，「四諦」包括苦諦、集諦、滅諦、道諦。苦諦，說人生皆苦。集諦，說人生多苦的原因，認為根源在於「慾念」。滅諦，說要消滅苦，必須滅掉慾念，消除輪迴，達到超脫人世諸苦的境界。道諦，說達到超脫人世諸苦境界的道理和方法。

《摩奴法論》

《摩奴法論》是印度教倫理規範的經典著作。作者摩奴托名於傳說中的人類始祖。全書分十二章。前半部

分以婆羅門為主要對像論述印度教徒一生四個階段的行
為規範；後半部分著重論述國王的行為規範即國家的職
能，主要講佔全書四分之一篇幅的十八個法律。全部內
容涉及個人、家庭和國家生活的各個方面，諸如禮儀、
習俗、教育、道德、法律、宗教、哲學、政治、經濟、
乃至軍事和外交等等，構成以四種姓制度為基礎的印度
封建社會的一個理論模式。《摩奴法論》是研究古今印
度社會的基本文獻。

波斯帝國

波斯帝國興起於伊朗高原，一度受米底人統治。西
元前553年，波斯人滅亡米底獲得獨立，定都蘇薩城。
居魯士、岡比西斯、大流士等人的不斷擴張，使帝國的
領土東起印度河、西至愛琴海及非洲東北部，形成了空
前強大的地跨歐、亞、非三洲的奴隸制大國。

大流士改革

大流士一世，西元前521年至前485年為古波斯帝國
國王。他利用波斯帝國發生政變的機會，聯合一部分波

斯權貴，殺死政變領袖高墨塔，登基為王，繼而鎮壓巴比倫、埃蘭、米底等地起義，恢復了瀕於瓦解的波斯帝國秩序。在位期間，大流士大大擴張了波斯帝國的疆域，形成了領土空前廣闊的奴隸制大帝國。

為了鞏固政權和帝國的發展，從西元前518年始，大流士對原有的統治機構和古老的軍事組織實施了一系列改革措施，史稱「大流士改革」。

波斯帝國的衰落

大流士即位後，便將各行省得貢賦固定下來，並統一了度量衡；修建驛道，統一幣制；提倡文化和教育；實行軍事改革；開通尼羅河與紅海之間的運河等。大流士改革的目的是加強其專制統治，但客觀上也促進了帝國內部各地文化經濟的交流。

西元前492年，大流士發動了對希臘的戰爭。在西元前490年的馬拉松戰役中，波斯軍隊被希臘人打得大敗。

10年後，大流士的兒子薛西斯再次遠征希又慘敗而歸。從此，波斯帝國走向衰落。

腓尼基的興起

　　腓尼基位於利萬特海岸中部狹長地帶，北起阿拉杜斯，南到多爾，長約320千米，著名的城邦有推羅、西頓、比布魯斯、烏加里等。「腓尼基」一詞來自希臘語，意為「紫色的」或「青銅色」。

　　腓尼基人是西元前1000年地中海地區最著名的商人、貿易者和殖民者。該國陸續被亞述人、巴比倫人、波斯人和亞歷山大大帝征服。西元前64年併入羅馬的敘利亞行省。腓尼基人對世界文明的最大貢獻是字母文字。

腓尼基字母

　　西元前13世紀時，腓尼基人創造了一套拼音字母。在此以前，腓尼基有兩種字母。一種是北部的字母，它受兩河流域楔形文字的影響，共29個（一說30個），沒有元音；另一種是南部的字母，它是受西奈文字的影響而形成的。後來，南方的線形字母逐漸取代了北部的字母，成為全體腓尼基人共同統一使用的字母。

　　腓尼基人的字母表由22個字母組成，只有輔音，沒有元音，書寫時從右到左。這種文字體系，由腓尼基商

人傳播到整個地中海地區，後來，對世界上許多民族文字的形成起到過重大的作用。

古巴勒斯坦的統一

西元前2000年中葉，遊牧民族希伯來人進入巴勒斯坦地區。西元前2000年末期，北方部落逐漸形成了以色列國，南方部落形成猶太國。

西元前2000年末，腓力斯丁人攻佔巴勒斯坦。到西元前10世紀，猶太王大衛建立了統一的以色列—猶太王國，將耶路撒冷定為首都。

大衛和所羅門

大衛是以色列部落的軍事首領。掃羅死後，大衛戰勝掃羅的兒子成為國王。在他的領導下，腓力斯丁人被驅逐出境，大衛建立了統一的以色列—猶太王國，為希伯來進入歷史上的黃金時代奠定了基礎。

所羅門是大衛的兒子，後繼承了王位。他在位期間，王國經濟和文化空前繁榮，世稱「所羅門榮華」。

箕氏朝鮮的興亡

西元前11世紀周武王滅商後，殷商貴族箕子不肯臣服西周，率領一批殷商遺民來到朝鮮，後來被周武王封為朝鮮侯，建立了政權，這就是「箕氏朝鮮」。

西元前194年，西漢燕王手下的將領衛滿來到朝鮮，發動政變，推翻了箕氏王朝，建立了「衛氏王朝」。

高句麗的南遷

高句（讀音「勾」）麗是中國的少數民族，於西元前37年自立政權，一直隸屬於中原王朝。魏晉南北朝時期，高句麗向遼河流域和松花江流域擴張，並向南進入朝鮮半島北部，開始與新羅、百濟爭奪漢江流域。以後開始大力南遷，並於西元427年正式遷都平壤。

邪馬台國

據《三國誌》記載，西元1—2世紀時，日本列島上有100多個小國，最大的是卑彌呼女王統治的邪馬台國。

它是日本最早的奴隸制國家。邪馬台國曾於238年派使節到曹魏進獻貢物。魏明帝回贈了錦綢、銅鏡、黃金、珍珠等物，並授予女王「親魏倭王」的稱號和金印。

大和國家統一日本

3世紀以後，日本本州中部的大和地區出現了一個較大的政權——大和國家。在不斷地擴張中，大和國家逐漸佔領鄰近地區，於4世紀初征服了包括北九州島在內的許多地區。到5世紀時，大和國家大體上統一了日本列島。今天的日本就是在此基礎上發展起來的。

日本文字的出現

日本最初沒有自己的文字。大約4世紀到5世紀，漢字和漢文傳入日本，日本人開始學習和使用漢字作為記錄工具。在漢字的基礎上，日本人創立了自己的文字。

3. 中世紀時期

◆ 歐洲

中世紀

　　中世紀（約476—1453年），是歐洲歷史上的一個時代。「中世紀」一詞是從15世紀後期的人文主義者開始使用的。這個時期的歐洲沒有一個強有力的政權來統治。封建割據帶來頻繁的戰爭，造成科技和生產力發展停滯，人民生活在毫無希望的痛苦中。所以，中世紀或者中世紀的早期在歐美普遍稱作「黑暗時代」，傳統上認為這是歐洲文明史上發展比較緩慢的時期。

西歐封建關係的萌芽

　　3世紀到5世紀，西羅馬帝國的奴隸危機重重，各地的奴隸大起義沉重地打擊了奴隸主階級的反動統治。田園荒蕪，城市凋零，大規模掠奪奴隸的戰爭被迫停止，

奴隸價格暴漲。在這種情況下，大規模使用奴隸勞動不僅無利可圖，而且極端危險，把田園分租給奴隸耕種是當時唯一的耕作方式。這是歐洲封建關係的萌芽。

日耳曼人大遷徙

日耳曼人最早居住在波羅的海西岸與斯堪的納維亞半島南部。西元前10世紀，他們開始不斷向外擴張。1世紀，日耳曼人分化成許多部落聯盟，如東哥德人，西哥德人、法蘭克人等。從4世紀後半期開始，日耳曼人開始大規模地遷徙運動。

西哥德王國的建立

376年西哥德人遭到匈奴人襲擊，被趕過多瑙河，進入羅馬帝國。410年，西哥德人在阿拉里克率領下洗劫了羅馬城。同年阿拉里克卒，由阿陶爾夫斯繼任。415年，他率領西哥德人在西班牙定居。418年末，阿拉里克之孫狄奧多里克一世率領西哥德人，以西羅馬帝國同盟者身分定居於阿奎丹，建立了第一個日耳曼王國——西哥德王國，定都土魯斯。

「懶王」

486年，蠻族法蘭克的首領克洛維擊敗了羅馬總督西格里烏斯，建立墨洛溫王朝。按照法蘭克人的傳統，父親的遺產應由兒子平分，克洛維的王國也由四個兒子瓜分，進入第一次分裂時期。

其幼子羅泰爾一世於558年重新統一了法蘭克，但他死後王國又被三個兒子瓜分，稱第二次分裂時期。他的孫子羅泰爾二世在613年再次統一了法蘭克，羅泰爾二世傳位於其子達格伯特一世。達格伯特之後，實權逐漸落入宮相手中，國王不視政事，此後的墨洛溫國王被稱為「懶王」。

查理曼帝國的興起

7世紀中葉，法蘭克王權衰落，大權歸於原是王室財產總管的宮相手中。至751年，宮相丕平篡奪王位，自立為王，建立加洛林王朝。丕平的兒子查理曼統治時期，又積極向外擴張。800年查理曼加冕稱帝，法蘭克王國發展成為查理曼帝國。領土包括西歐大陸，封建制度基本建立。

查理大帝

查理曼大帝（約742—814年）在768年帕潘死後繼承了王國大部分的土地。3年後查理曼成為法蘭克王國唯一的統治者。

在接下來的28年中他一直熱衷於爭戰並且統一了西歐大部分的土地。使王國疆域西鄰大西洋，東至易北河和波西米亞，北達北海，南迄義大利中部。

查理‧馬特改革

從7世紀中葉起，法蘭克王國的實權開始由宮相掌握。查里‧馬特任宮相期間，對土地佔有的形式作了重大地改革。他採取「采邑」分封制，受封者的領土一般情況下不能世襲，而且以服兵役為條件獲得；分封的主要對象是騎兵。

查理‧馬特還大規模地沒收教會和反叛貴族的土地。「采邑」的分封使得土地所有權相對鞏固，促進了以土地為紐帶的封建等級制的形成和鞏固。

教皇國的誕生

　　747年，「矮子丕平」統治了整個法蘭克，但名譽上仍是宮相。為了篡奪王位，他極力尋求教會地支持。751年，丕平在法蘭克貴族會議上被推選為法蘭克國王，開創加洛林王朝。為了酬謝教會，丕平將義大利中部大片領土獻給教皇，這就是教皇國。

英吉利王國的建立

　　日耳曼人滅亡西羅馬後，在其廢墟上建立了幾個國家，其中5世紀末建立的法蘭克王國，發展成為西歐一個大國。8世紀後期，查理開始統治法蘭克後，法蘭克王國達到全盛。800年，查理加冕為皇帝，歷史上稱查理大帝，歐洲歷史上顯赫一時的查理曼帝國誕生了。查理死後，子孫無能，國家混亂。843年，他的三個孫子締結了凡爾登條約，瓜分了帝國。這三部分後來分別發展為法蘭西、德意志和義大利三個國家。5世紀中期，日耳曼人中的盎格魯、薩克森部從歐洲大陸進入不列顛，建立了一些小國，經過長期兼併。到9世紀早期，開始形成統一的英吉利王國。

德法義三國的形成

　　德、法、義三國是由查理曼帝國三分而成的，但德意志、法蘭西、義大利作為三個獨立的國家開始於843年的《凡爾登條約》。817年，皇帝路易一世把帝國分給三個兒子：洛泰爾、禿頭查理和路易，防止其死後產生紛爭和諸侯叛亂。但事與願違，路易一世死後，他的三個兒子為爭奪領土爆發內戰。843年8月，洛泰爾和兩個弟弟在凡爾登簽訂停戰條約。根據條約，帝國一分為三。《凡爾登條約》為近代德意志、法蘭西、義大利奠定了疆域基礎。

《凡爾登條約》

　　分割法蘭克人的加洛林帝國的條約。這一條約是加洛林帝國瓦解的第一階段，預示近代西歐國家的形成。840年路易死後，爆發了公開的戰爭。路易的第三子日耳曼人路易聯合查理攻擊長兄皇帝洛泰爾一世。洛泰爾在豐特努瓦敗北求和。843年8月，在凡爾登達成協議，洛泰爾仍保持帝號，獲得中法蘭西亞，即包括今比利時、尼德蘭、德國西部、法國東部、瑞士和義大利大部

的一個狹長地帶。日耳曼人路易獲得東法蘭西亞，即萊茵河以東的地區。查理獲得西法蘭西亞，即今法國的剩餘部分。

議 會

這個詞來自法文，意思是「談話」。英國議會起源於盎格魯‧薩克森時代的「賢人議事會」。12世紀時，國王和要人商討問題被統稱為「討論事務」，而專門舉行地討論被稱為「議會」。

采邑制

采邑制是中世紀在西歐實施的一種土地佔有制度。法蘭克王國墨洛溫王朝時期，國王對於服軍役或執行其他任務的臣屬，以封賜土地或金錢等作為恩賞，稱作采邑。最初是查理‧馬特在擔任法蘭克王國宮相時實施的，將土地及當地農民一起作為采邑制分封給有功勞的人，以服騎兵役為條件，供終身享用，但是不能世襲。到了查理‧馬特的兒子時，把大部分土地當作采邑制分封給臣下，查理大帝也把通過戰爭奪來的土地分封給有

功將領，這樣使得采邑制遍及全國。9世紀以後，采邑逐漸變成了世襲領地，到了11世紀采邑制基本上已經廢弛了。

北歐海盜的入侵

8世紀末，一些維京人離開北歐的斯堪的納維亞半島，向南航行。793年6月，丹麥海盜在英格蘭北海岸登陸，襲擊並掠奪當地的修道院，屠殺教士，這一事件宣告了海盜時代的來臨。不久，一支支組織嚴密的海盜船隊從丹麥、挪威和瑞典相繼出發，開始了大規模地對外擴張和殖民侵略。

航海造船技術

北歐海盜善於在深海航行。在海上相遇時，北歐海盜會將船繫在一起，依次上場單獨決鬥。他們有較高的造船技術，船形體修長，人稱維京長船，長度為10—30米，其平均排水量有50噸左右。高高的曲線型船頭及吃水較深的船體，具有良好的操縱性。北歐海盜的龍頭船不必掉頭就能倒退航行，因為它的船首和船尾形狀完全一樣，只要朝反方向划槳就可以了。

維京人

「維京」在北歐語系中有「旅行」和「掠奪」兩層意思。維京人生活在北歐的斯堪的納維亞半島，那裡終年被厚厚的冰雪覆蓋，可供耕種的土地很少，生存環境極為惡劣。隨著人口地增長，耕地變得匱乏。

8世紀末，維京人駕駛著堅固輕捷的維京長船，離開故鄉，闖蕩世界。

烏爾班二世召開宗教會議

1095年11月，教皇烏爾班二世在法國克勒芒城召開宗教會議，與會者主要是法國的大主教、主教和修道院院長，共600餘人。會上拜占庭皇帝阿歷克修斯一世的使者請求幫助抵禦突厥人的進攻。

11月26日，烏爾班二世在城外露天場所向與會和來自法國各地的騎士、市民和農民發表著名演說，發出組織十字軍遠征東方的號召。

十字軍東征

　　十字軍東征是在1096年到1291年發生的9次宗教性軍事行動的總稱，是由西歐基督教（天主教）國家對地中海東岸的國家發動的戰爭。由於羅馬天主教聖城耶路撒冷落入伊斯蘭教徒手中，十字軍東征大多數是針對伊斯蘭教國家的，主要的目的是從伊斯蘭教手中奪回耶路撒冷。東征期間，教會授予每一個戰士十字架，組成的軍隊稱為十字軍。十字軍東征一般被認為是天主教的暴行，到近代，天主教已承認十字軍東征造成了基督教徒與伊斯蘭教徒之間的仇恨和敵對，是使教會聲譽蒙污的錯誤行為。

僧侶騎士團

　　十字軍控制耶路撒冷後，為了保衛聖地，教會從十字軍中選拔優秀者組成幾個僧侶騎士團駐守耶路撒冷，其中最出色的是醫院騎士團和聖殿騎士團。醫院騎士團又叫聖約翰騎士團，他們在耶路撒冷開辦醫院，收容患病的朝聖者。聖約翰騎士團大本營設在耶路撒冷的古猶太神廟。像僧侶們一樣，各騎士團一同吃飯，並參加各

種宗教儀式。聖約翰騎士團和醫院騎士團聽從各自大頭領的指揮，它們都是宗教性的組織。

西歐城市的發展

西元10—11世紀，西歐手工業在快速發展的過程中，逐漸與農業分離開來。11世紀起，手工業者開始聚集在便於銷售商品的地方，比如封建城堡、寺院附近、渡口、港口等地。隨著來往商人地增多，這些地方逐漸成為工商業集中的城市。新興的城市首先在義大利和法蘭西南部發展起來。

諾曼第王朝的建立

日耳曼人的另外一支盎格魯人、撒克遜人、朱特人在5世紀中葉進入大不列顛群島。在6世紀末，7世紀初，形成了7個王國，英國歷史上稱為七國時代。829年，威塞克斯王國吞併了其他6個王國，從此誕生了英格蘭。1066年，法國諾曼第公爵威廉以親屬關係要求繼承王位，遭到拒絕後，以武力奪取了英王之位，稱為「征服者威廉」（即威廉一世），建立了諾曼第王朝，但是這也造成了日後百年戰爭的根源。

亨利二世改革

1154年，亨利二世繼承了英國王位。在他統治時期，英國工商業繁榮，城市迅速發展。亨利二世憑藉市民階級的支持，進行了一系列改革。

在軍事上，亨利二世命令騎士交納盾牌錢，同時通過其他手段使王室領地收入提高，再用這些錢招募建立一支裝備精良的常備軍。

在司法方面，亨利二世擴大了國王法庭的權力，他於1178年組成中央常設法庭，還設立巡迴法庭和陪審制度，接受民間訴訟。亨利二世改革，加強了英國王權。

「末日審判書」

威廉在征服的基礎上，形成了比較集中強大的王權。他命令全體封建主向他宣誓效忠。並在1086年下令對全國土地進行調查，對土地的歸屬、財產狀況、耕作者身分等作了詳細調查和登記。

這一調查登記結果保存到今天，被稱為「末日審判書」。

《自由大憲章》

習稱《大憲章》。1215年6月15日,英王約翰在封建領主、教士、騎士和城市市民的聯合壓力下簽署。主要內容有:承認教會自由不受侵犯;保障領主和騎士的采邑繼承權,不再徵收額外繼承稅或其他貢金、代役稅;歸還原侵佔的領主土地、抵押物和契據;尊重領主法庭的管轄權,國王、官吏不任意受理訴訟,不任意逮捕、監禁自由民;承認倫敦和其他自治城市原有的自由和風俗習慣;統一國內度量衡,保障商賈自由。同時,規定由領主推舉25人負責監督憲章的實施。《大憲章》是規定封建階級內部權力再分配的文件,並未保障廣大農奴的利益,不久即被英王約翰撕毀。

英國議會的誕生

英國約翰死後,亨利三世繼位,他對羅馬教皇唯命是從,引起了貴族的不滿。1258年,貴族發動兵諫,迫使亨利三世簽訂「牛津條例」,並成立15人的常設會議和12人的委員會,一切措施須經他們同意。後來亨利三世拒絕承認「牛津條例」,引發了內戰。1265年,貴族

孟福爾率軍擊敗了國王軍隊，召開了第一次由貴族、僧侶和市民代表參加的議會。這是英國議會的開始。

英國民族國家的形成

15世紀，英國農村中的鄉紳階層逐漸崛起，成為議會中的新興力量。他們支持王權，反對分裂，促進了英國的政治統一。當時倫敦已經成為全國政治、經濟、文化中心，同時，英格蘭民族語言——英語也在倫敦方言的基礎上發展起來。這一切標誌著英國民族國家的形成。

威廉一世

威廉一世（1027—1087年）法蘭西諾曼第公爵，英國國王（1066－1087年）。1066年英王愛德華去世後，以愛德華生前曾答應他為王位繼承人為由，召集諾曼第貴族和法國各地騎士，在教皇支持下發兵攻打英國。同年9月率軍在英國南部登陸，10月在黑斯廷斯之戰中指揮若定，臨危不亂，反敗為勝。同年聖誕節加冕為英國國王，建諾曼王朝。1071年鎮壓各地起義，鞏固了在英國的統治地位，被稱為「征服者威廉」。1072年率軍入

侵蘇格蘭，1081年入侵威爾士，並先後在兩國邊境地區
建立伯爵領以鞏固邊防。1086年製成《末日審判書》。
1087年7月在與法王腓力一世爭奪領地的戰爭中負重傷，
不久去世。

「獅心王」

理查一世（英格蘭國王1189—1199年）即大名鼎鼎
的「獅心王」，英格蘭金雀花王朝第二任王，歷史上有
名的「戰神國王」。在他10年的國王生涯中，有9年零2
個月的時間在國外征戰。

他即位後將內政交給坎特伯雷大主教，自己參加了
第三次十字軍東征，途中以嗜殺而聞名。他一度在阿卡
和雅法等戰役中打敗了「伊斯蘭守護神」薩拉丁的軍
隊，最後因為國內出現變端急於趕回而沒有攻下耶路撒
冷，臨走前與薩拉丁達成了和議，由十字軍控制巴勒斯
坦沿海地區，穆斯林控制聖城和巴勒斯坦內陸地區，基
督徒可自由往返耶路撒冷進行朝拜。但他在回國途中被
奧地利公爵俘虜，最後繳納了15萬馬克才得以釋放。此
後，又親赴法國領地，同法王腓力二世打了五年仗。
1199年，他在一次與封臣的戰鬥中受傷而死。

瓦特・泰勒起義

1381年5月，埃塞克斯郡和肯特郡的農民抗繳人頭稅，驅逐並處死官吏。起義群眾佔領了達特福德和梅德斯通，推舉瓦特・泰勒為領袖。瓦特・泰勒代表起義群眾，要求取消農奴制，大赦起義者，在國內自由貿易，消滅領主對人民的奴役，規定每畝地徵收貨幣地租4便士。6月15日，堅持鬥爭的起義群眾再次和國王談判，提出更激進的反封建要求。在談判中，倫敦市長沃爾沃思和國王的隨從發動突然襲擊，殺死瓦特・泰勒。起義失敗。

紅白玫瑰戰爭

紅白玫瑰戰爭（1455—1487年），或稱薔薇戰爭，通常指英國蘭開斯特王朝和約克王朝的支持者之間為了英格蘭王位的斷續內戰。兩個家族都是金雀花王朝皇族的分支，是英王愛德華三世的後裔。紅白玫瑰戰爭不是當時所用的名字，它來源於兩個皇族所選的家徽，蘭開斯特的紅玫瑰和約克的白玫瑰。戰爭所導致的貴族的大量傷亡，是貴族封建力量削弱的主要原因之一，導致了都鐸王朝控制下的強大的中央集權君主制的發展。

英法百年戰爭

　　從14世紀30年代到15世紀50年代，英法兩國發生了曠日持久的戰爭，這場戰爭持續了一百多年，史稱英法百年戰爭。

　　1337年5月24日，英王愛德華三世正式對法國發起進攻。1360年，法國被迫簽訂和約，承認英國對加萊和西南地區大片領土的佔領。這是百年戰爭的第一階段。第二階段始自法王查理五世於1368年配合加斯科涅反英暴動，收復大片失地。第三階段始自英王亨利五世於1413年與勃艮第公爵結盟。第四階段始於1428年，英軍進攻法國南方要地奧爾良城。1450年，法軍解放諾曼第，並在巴約勒之戰中重創英軍，1453年7月，在卡斯蒂永之戰中再次打敗英軍。10月19日，法軍收復波爾多，百年戰爭結束。英國在法國的領地只剩加萊一地。

聖女貞德

　　聖女貞德（1412—1431年），被稱為「奧爾良的少女」，是法國的民族英雄、軍事家，天主教會的聖女。英法百年戰爭時她帶領法國軍隊對抗英軍的入侵，支持

法查理七世加冕，為法國勝利作出貢獻。最終被俘，被宗教裁判她以異端和女巫罪判處她火刑。

法蘭西民族國家的形成

13世紀初，法國打敗英國，成為西歐強國。之後經過路易九世的改革，法國王權得到加強。14世紀，腓力四世公開與教皇對抗，他創建三級會議，並最終控制了教權，鞏固了封建統治。之後，經過百年戰爭和路易十一對各封建割據勢力的兼併，法國政治上達到了統一。法國民族意識也在反抗外國侵略和政治統一的過程中形成了，法國各部族逐漸融合為法蘭西民族，法蘭西成為政治統一的民族國家。

路易九世改革

腓力二世的孫子路易九世在統治期間進行了一系列改革，在司法方面：重大案件須送交國王法庭審理，設立巡迴檢察官，監督地方官吏；嚴禁領主私鬥。這些措施提高了國王的威信。

在幣制改革方面：路易九世下令在王室領地內只准

使用國王所鑄造的貨幣，由於許多領地已被王室所兼併，所以國王鑄造的貨幣通行全國，這有利於工商業的發展。軍事上，路易九世開始招募僱傭兵，使國王有了直轄軍隊。

橫掃歐洲的黑死病

黑死病又稱瘟疫，是世界歷史上無可爭議的流行時間最長、死亡人數最高、危害最為劇烈的人類頭號殺手。5至8世紀時，歐洲曾經不斷發生嚴重的流行病，搞垮了強盛一時的東羅馬帝國軍隊。

在1348年，鼠疫除肆虐於義大利之外，又兵分三路：西路，由一位從巴勒斯坦返回聖地亞哥的朝聖者帶入伊比利亞半島，僅在馬洛卡，就死了30000多人；西北路，法蘭西北部平原區，弗蘭德城邦人口為之下降了五分之一；東北路，羅馬帝國境內，埃爾福特死了12000人，明斯特死了11000人，美因茲死了6000人。

當1351年疫情得到控制之時，英倫三島和愛爾蘭已經損失了它們總人口的40%左右，遠遠高於它們在英法百年戰爭中的總損失。

神聖羅馬帝國

　　神聖羅馬帝國，全稱為德意志民族神聖羅馬帝國或日耳曼民族神聖羅馬帝國，962年至1806年，在西歐和中歐的封建帝國。早期為統一的國家，中世紀後演變為一些承認皇帝最高權威的公國、侯國、伯國、宗教貴族領地和自由式的政治聯合體。其歷史可追溯至羅馬帝國。

　　955年，德意志國王奧托一世在勒赫菲爾德戰役中擊敗馬扎爾人，收復各邊區。962年，奧托加冕為皇帝，建立神聖羅馬帝國。今奧地利地區自此歸屬神聖羅馬帝國，直到其於1806年崩潰。

腓特烈一世侵略義大利

　　1138年，霍亨斯陶芬王朝登上德國歷史舞台，德國在紅鬍子腓特烈一世統治時期達到極盛。從1153年到1186年，野心勃勃的腓特烈一世先後六次入侵義大利。1159年，義大利城市在教皇的支持下組成了反德的倫巴底城市同盟。1174年，腓特烈一世第五次入侵義大利，進攻米蘭，此時加入倫巴底同盟的城市已達22個。1176年，雙方會戰於米蘭附近的林雅諾，腓特烈一世的軍隊

遭到毀滅性的打擊。腓特烈一世投降，歸還了所有掠奪的土地。

漢薩同盟

漢薩同盟是德意志北部城市為主形成的商業、政治聯盟。漢薩一詞，德文意為「公所」或者「會館」。13世紀逐漸形成，14世紀達到興盛，加盟城市最多達到160個。1367年成立以呂貝克城為首的領導機構，有漢堡、科隆、不萊梅等大城市的富商、貴族參加。擁有武裝和金庫。1370年戰勝丹麥，訂立《斯特拉爾松德條約》。同盟壟斷波羅的海地區貿易，並在西起倫敦，東至諾夫哥羅德的沿海地區建立商站，實力雄厚。15世紀轉衰，1669年解體。

威尼斯共和國

13—15世紀，是義大利各個城市共和國最繁榮的時期，其中最著名的是威尼斯共和國。威尼斯共和國國家元首稱總督，從威尼斯貴族中選出，終身任職。13世紀，威尼斯已經是國際大都市，工商業非常發達，出產

的紡織品和玻璃製品暢銷全歐和地中海。14世紀,威尼斯共和國打敗了熱那亞共和國,奪取了地中海東部的霸權,進入黃金時代。

西班牙的統一

13世紀下半期,比利牛斯半島上出現了卡斯堡、阿拉岡和葡萄牙三個基督教國家。卡斯堡在諸王國中勢力最強大,而阿拉岡次之。1469年,卡斯堡王位的女繼承人伊薩貝拉與阿拉岡王子斐迪南結婚,兩人先後於1474年和1478年分別登上本國王位,兩國正式合併,西班牙的統一宣告完成。

歐洲近代銀行

近代銀行的出現是在中世紀的歐洲,在當時的義大利首先產生。1171年,義大利設立威尼斯銀行,1407年,又設立熱亞那銀行以及此後相繼成立的一些銀行,主要從事存、放款業務,大多具有高利貸性質。1694年英國成立的英格蘭銀行是世界上第一個資本主義股份銀行。18世紀末至19世紀初,隨著資本主義生產關係的廣

泛確立和資本主義商品經濟地不斷發展，資本主義銀行得以普遍建立。

羅馬教廷的盛衰

12世紀時，天主教會在每個天主教國家都佔有大量耕地，還向所有教徒徵稅，教會和羅馬教皇成為世俗世界的主宰。教皇應諾森三世時，將教會變成了制度化的組織，並宣揚教權高於一切的教皇專制學說，教權達到極盛。14—15世紀，隨著王權地興起和人民反教會鬥爭地發展，教權由盛轉衰。

英諾森三世加強教權

教皇英諾森三世時，教權達到極盛。他宣揚教權至上的學說，認為教會應該是「一個單一完整的社會」，教會應有社會生活所需要的一切機關，而不受世俗權力機關的約束。他還宣稱教皇是上帝在世界的代表，教權高於一切，皇帝和國王都應臣屬於教皇，因此教皇擁有批准帝位選舉之權。應諾森三世擅長外交技術，他干預各國內政，阻撓其統一集權，以維繫和加強教皇權利。

宗教裁判所

　　教皇應諾森三世於1220年通令西歐各國教會建立宗教裁判所，以鎮壓「異端」為名，殘酷迫害一切揭露教會黑暗、反對封建制度的人，不少進步的思想家、科學家，以及民間術士成為裁判所打擊的對象。

　　1483—1820年間，共有30餘萬人受到宗教裁判所得迫害，其中10萬人被判處火刑。

哥德式建築的興起

　　12世紀時，歐洲各地在羅馬建築風格的基礎上逐漸形成了哥德式建築。哥德式建築以矢形拱門、高聳的尖塔式屋頂為特點，其牆壁薄，門窗大，圓柱較細，光線充足，門窗裝有彩色玻璃，四周及門前有許多雕像。高聳入雲的哥德式建築，力求使人們感到宗教的神秘，教會的權威。

　　哥德式建築以法國的巴黎聖母院、英國的坎特伯雷大教堂、義大利的米蘭大教堂最為著名。

十四行詩

　　十四行詩，又譯「商籟體」，最初流行於義大利，彼特拉克的創作使其臻於完美，又稱「彼特拉克體」，後傳到歐洲各國。由兩節四行詩和兩節三行詩組成，每行11個音節，韻式為ABBA，ABBA，CDE，CDE或ABBA，ABBA，CDC，CDC。另一種類型稱為「莎士比亞體」或「伊麗莎白體」，由三節四行詩和兩行對句組成，每行10個音節，韻式為ABAB，CDCD，EFEF，GG。自歐洲進入文藝復興時代之後，這種詩體獲得廣泛的運用。莎士比亞進一步發展並豐富了這一詩體，即按四、四、四、二編排，其押韻格式為ABAB，CDCD，EFEF，GG。每行詩句有十個抑揚格音節。莎士比亞的十四行詩，比彼得拉克更向前邁進一步，主題更為鮮明豐富，思路曲折多變，起承轉合運用自如，常常在最後一副對句中點明題意。

騎士文學

　　騎士文學是西歐中世紀反映騎士階層生活和理想的文學。騎士文學的主要體裁分為騎士抒情詩和騎士傳奇

兩種。騎士抒情詩以法國南部普羅旺斯為中心，主要內容是描寫騎士的業績、冒險經歷，及其對貴婦人的愛慕和忠誠。創作方法上，以浪漫主義為主要特徵，注重人物肖像、內心活動、生活等方面的細節描寫，對以後歐洲浪漫主義詩歌和小說地形成和發展影響較大。

拜占庭的史學

拜占庭在史學著作方面留下了寶貴的遺產。這一時期的歷史作品大體上可分為仿古歷史和編年史兩類。著名史學家普洛可比是6世紀拜占庭最偉大的歷史學家。他模仿希臘史學家希羅多德和修昔底德，著成《查士丁尼戰爭史》八卷，論述了東羅馬帝國與汪達爾人、哥特人和波斯人的歷次戰爭。11世紀時，女作家科穆寧著有《亞歷史塞傳》，敘述了其父亞歷史塞統治時期的歷史。這些著作體現了拜占庭史學的較高水平。

蒙古貴族統治時期

988年，基輔羅斯大公拉基米爾宣佈東正教為國教，大片土地集中到教會和貴族手中，封建生產關係形成。

12世紀基輔公國分裂為十多個封建小國，相互混戰。1237年，蒙古大軍在拔都率領下大舉入侵，於1240年佔領了基輔。

1243年，拔都伏爾加河下游建立了金帳汗國。蒙古的統治使整個東北羅斯地區的社會經濟遭到嚴重破壞，基輔羅斯公國徹底解散了。

「沙皇」稱號

15世紀，伊凡三世為實現其建立新帝國的夢想，在帝國滅亡後，他自稱為帝國的繼承人，把拜占庭皇室的雙頭鷹徽記作為自己的徽記，並自稱「沙皇」。1472年他又迎娶了拜占庭末代皇帝君士坦丁十一世的侄女索菲亞·巴列奧略為後。

「沙皇」的意思就是「凱撒皇帝」。凱撒是古羅馬顯赫一時的大獨裁者，伊凡三世自稱「沙皇」就是要步凱撒後塵，成為至高無上的君主，建立跨歐亞非的大帝國。

1547年，伊凡四世正式加冕稱為「沙皇」，從此，俄國沙皇專制制度正式形成。除彼得大帝在1712年被奉以「皇帝」稱號外，歷代封建君主都世襲「沙皇」，十月革命後，沙皇君主制滅亡。

索貢巡行

　　古羅斯大公在其管轄範圍內掠取貢賦的封建剝削形
式。每年秋冬季節，大公率親兵挨家挨戶徵收糧食、皮
毛、蜂蜜和蜂蠟等貢物。他們不僅掠奪財產，還將抗交
者俘為奴隸。然後，將貢物和奴隸裝載上船，運到君士
坦丁堡賣掉，換取貴重織物、酒等奢侈品。索貢巡行實
行的是武裝搜刮，常引起人民的反抗。

◆ 美洲

阿茲特克文明

　　西元11─12世紀間，阿茲特克人從北部遷入墨西哥
中央谷地，1325年在特斯科科湖西部島上建造特諾奇蒂
特蘭城（今墨西哥）。15世紀初，墨西哥開始向外擴
張，領土擴張到墨西哥灣、危地馬拉和太平洋沿岸。隨
著私有制和階級分化日益明顯，形成早期奴隸制國家。
阿茲特克國有比較發達的農業，主要作物有玉米、豆類
等。阿茲特克人利用特斯科科等湖泊發展人工灌溉系

統。手工業相當發達，有金、銀、銅、寶石、皮革、紡織、羽毛、陶器等各種工藝品。首都特諾奇蒂特蘭城內街道、廣場設置整齊，城內有神殿、王宮、行政官署、貴族邸宅、遊戲場、學校等建築。

印加帝國

印加帝國是南美文明的淵源之一，13世紀末期，蓋丘人開始取得權利和聲望，最後打敗了昌蓋人建立了塔萬廷蘇約帝國。塔萬廷蘇約帝國從傳說中的締造者曼可喀巴科到最後一任帝王、即於1553年死於西班牙人之手的阿塔華爾帕，經歷了十四任印加王。他們利用千年以來獲得的知識以及從以前的文明中繼承的內容，印加王建立了神權帝國以及神奇的統治機構，把不同部族歸納在其統治之下，帝國的領土廣闊，上起現哥倫比亞的努多德巴斯特地區，下至今智利的烏馬勒河。

印加文化

拉丁美洲印第安人三大文化之一。由居住在今南美安第斯山區的印加人創造。印加人重視農業，主要作物

是玉米和馬鈴薯。印加人通過建立灌溉系統和梯田增加了農產品的產量。印加文化彩陶的特點，造型優雅，圖案有動物紋和幾何紋，色彩絢麗。棉毛織物中有時夾有金線或鮮艷的羽毛，圖案豐富多彩。印加人已能開採金、銀、銅、錫等金屬。青銅製造的刀、斧和鐮，刃口都經高熱鍛制以使其更加堅韌，金、銀、銅製作的首飾和器皿，也非常精巧。

馬雅文明

　　馬雅文明文化始於西元前3000年。農民墾殖畦田、梯田和沼澤水田。工匠以燧、石、骨角、貝殼製作藝術品，製作棉織品，雕刻石碑銘文，繪製陶器和壁畫。馬雅人把一年分為18個月，他們測算的地球年為365.2420天，現代人測算為365.2422天，誤差僅0.0002天。他們測算的金星年為584天，與現代人的測算50年內誤差僅為7秒。馬雅人至少在西元前4世紀就掌握了「0」這個數字概念，比中國人和歐洲人都早了800年至1000年。他們還創造了20進位計數法，他們的數字演算可沿用到400萬年以後。馬雅人在數學與天文學方面非常精通，其理解與預知各星球運動的本領是根據曆法計算出來的，常在一些重要的儀式上表現。

秘魯帕拉卡斯文化

　　從西元前500年到約西元前200年期間，位於秘魯的利馬南方的海岸地域，繁衍著豐富多彩的帕拉卡斯文化，人們從事農業，栽培玉米、豆類、花生、土豆等。在帕拉卡斯，人們在刺繡、紡織方面的才能十分突出，使用的技術之高在其他地方難以見到。在2000多年後發現的他們織的布上，配有100種以上不同的色調，並繪有人、鳥、貓、惡魔等各種圖案。

　　他們在埋葬死者時舉行複雜的儀式，經過乾燥和熏過的遺體，與紡織品、複製的頭、陶器等一起安葬在墓中。

◆ 非洲

努比亞王國

　　東非古國，古埃及稱為庫施，亦稱古埃塞俄比亞。佔有尼羅河第一瀑布以南至白尼羅河與青尼羅河會合之間的廣大地區，主要居民是黑人。

　　從西元前4000年起，埃及開始派兵侵入。西元前

2000年,努比亞被埃及征服,淪為殖民地。約西元前10世紀,努比亞擺脫埃及統治,建立奴隸制國家。西元前8世紀中葉,統一第一瀑布到第六瀑布間廣大地區,並佔領上埃及。西元前713年,打敗埃及統治者,建立埃及的第二十五王朝,又稱「努比亞王朝」。西元前591年遷都麥羅埃。

1—3世紀達到極盛,農業、煉鐵業和紡織業發達。麥羅埃是當時非洲最大的煉鐵中心和貿易中心。

努比亞人在建築、繪畫、雕刻方面均取得了巨大成就,並創造了自己的字母表。約330年,努比亞被阿克蘇姆王國征服,遂亡。

衣索比亞王國

阿克蘇姆王國是東非衣索比亞領土上的第一個國家,約興起於西元前10世紀。西元5世紀起,基督教傳入,逐漸成為阿克蘇姆王國的國教。

7世紀阿拉伯興起後,阿克蘇姆王國逐漸衰落下來,各封建貴族的領地逐漸發展成獨立的封建小公國,到13世紀被衣索比亞王國統一。

桑給帝國

西元975年，已伊斯蘭化的波斯設拉子地方的王子哈桑・伊本・阿里，為躲避戰亂，帶著他的六個兒子，來到了東非海岸。經過若干代，阿里家族依靠知識和文化上的優勢，逐漸統一了北起拉木島（肯尼亞境內），南至科摩羅島的東非沿海諸島和大陸沿海低地。他們把基爾瓦作為首都，建立起了桑給帝國。

桑給國以農、牧、漁業為主要經濟活動，但商業已相當活躍。從出土的一些錢幣作坊規模可推斷出其貿易活動的活躍程度。

剛果

非洲班圖族剛果人建立的國家，約建於14世紀。15世紀末，國王恩贊加・庫武大舉擴張，領土東到剛果河，西至大西洋，南達洛熱河，北抵剛果河北岸。王國有一套完整的中央和地方統治機構，王是最高統治者，下設首相和權力很大的六總督委員會。全國分六省，由總督治理。

剛果以農業為主，生產稻、麥、高粱、香蕉和16世

紀從美洲傳來的玉米、薯類，冶金和造船比較發達。冶金生產尤為重視。1448年，葡萄牙殖民者大量闖入，國王和貴族率先加入天主教，首都改名聖薩爾瓦多。殖民者採用欺騙和引誘伎倆，掠奪奴隸和財富，引起統治者與人民及統治者內部的矛盾。

16世紀中葉國勢衰落。1665年，王國取消葡萄牙人採礦權，雙方發生戰爭，國王戰死，王國分裂為3個小國，1900年滅亡。

大辛巴威

南部非洲的辛巴威人在贊比西河和林波波河中間的高原上從事農耕和畜牧。13世紀，辛巴威的金和銅，輸出到亞洲各地，同時辛巴威輸入了中國的陶器、西亞的金屬製品和玻璃製品。通過這種貿易，原來就地產豐富的辛巴威的統治者積聚了巨額財富，由此建起強大的國家。

從12世紀，他們開始在村落周圍建立了叫「巴基巴布艾」的巨大石頭圍牆。約1450年，大辛巴威強大起來，逐漸成為非洲南部的宗教、政治和商業中心。

莫諾莫塔帕王國

南非古國莫諾莫塔帕於6—8世紀建都辛巴威，12—16世紀達到全盛。16世紀初，由於葡萄牙人的入侵和內亂，莫諾莫塔帕王國開始走向衰落。1629年，莫諾莫塔帕被葡萄牙人的軍隊打敗，進一步衰落下去，最終於1693年滅亡。

貝南帝國

12世紀，西非的魯巴人的一支——埃多人建立了西非歷史上著名的貝南帝國。15世紀以前，貝南曾受制於魯巴人的國家奧約國。15世紀下半葉，在埃瓦雷大王統治時期，貝南擺脫了約魯巴人的控制，成為強盛的大國。埃瓦雷大王進行了大規模的征服戰爭，其足跡遠抵剛果。17世紀上半葉，貝南的勢力發展到西部的拉各斯、東方的尼日爾及北面的奧通，成為組織嚴密、行政效率很高的王國。貝南人民創造的古代藝術，特別是銅雕、木雕、骨雕、牙雕作品，在世界文明史上佔有重要地位。19世紀以後，貝寧趨於衰敗，後併入英屬尼日利亞。

馬里王國

　　非洲除了加納外，還有許多古老的國家，馬里王國便是其中之一。馬里意為「國王駐地」，於7世紀前後建立，長期臣服於加納王國。國王迪亞塔（1230—1255年）謀求國家獨立，1240年他征服加納，統一了從大西洋沿岸的塞內加爾河到尼日爾河的大片領土。

　　在國王曼薩‧薩統治時期（1307—1332年），馬里王國最盛，農業、手工業、商業有很大發展，阿拉伯文化也進一步傳播。17世紀被鄰近民族所滅。

迦納王國的繁榮

　　300年前後，在西部非洲的塞內加爾河至尼日爾河中上游地區，古迦納國建立。到622年，迦納已有過22個國王相繼在位，後來又有22個國王執政掌權。約790年，索寧凱人的領袖卡亞‧馬加‧西塞奪取了迦納政權，確立了西塞‧通加王朝的統治，延續達3個世紀之久。

　　9—11世紀，迦納王國進入盛期。其版圖包括薩哈拉沙漠以南，萬加臘以北，台克魯爾、錫拉以東，及廷

巴克圖以西的廣大地區。約在1040年,迦納王國北部遊牧的柏柏爾人部落,伊斯蘭教化的桑哈扎人興起,在撒哈拉西部和北非摩洛哥建立了疆域廣大的穆拉比特王國。1062年,穆拉比特王國揮師南下,侵犯加納被擊退。迦納還乘機合併了巴布克和萬加臘兩個產金地,擄獲大批奴隸。

1076年,加納未能抵擋住穆拉比特王國的又一次猛烈攻勢,首都昆比淪陷,加納居民淪為奴隸,並被迫改信伊斯蘭教。經過長達11年的反覆鬥爭,加納於1087年趕走了侵略者。

埃及國家的獨立

639年,阿拉伯入侵埃及,將埃及變成阿拉伯帝國的一個行省,實行民族壓迫和宗教歧視的政策。

9世紀中,埃及東北部的阿拉伯農民、城市貧民、遊牧人和尼羅河三角洲的科普特人聯合起義,拒租抗稅,打擊富商,削弱了阿拉伯人的統治。

從868年到969年,埃及的統治者實際上已經是獨立的君主;從969年到1517年的500年間,埃及是一個獨立的阿拉伯國家。

埃及反抗十字軍的鬥爭

　　從1096年起，西歐封建主發動多次十字軍東侵，佔領了小亞細亞的部分土地，並以此為據點多次入侵埃及本土，埃及人民奮起反擊侵略者。阿尤布王朝的建立者薩拉丁向十字軍發起了大反攻。1187年7月的哈廷戰役，薩拉丁活捉了耶路撒冷國王，收復耶路撒冷城，接著又收復了除推羅、的黎波里和安條克以外的所有城市。其後他又打敗了第三次十字軍的入侵。他的繼承者領導埃及人民擊潰了第五次十字軍，全殲了第七次十字軍。

埃及阻止蒙古軍西征

　　在十字軍東征的後期，來自亞洲內陸的蒙古軍隊佔領了兩河流域。1258年，蒙古軍攻下巴格達，滅阿拉伯阿拔斯王朝，並繼續西進敘利亞，當時十字軍力圖勾結蒙古軍，使埃及處於東西夾擊之中，馬木留克王朝時代的埃及和西亞人民進行了英勇的鬥爭。1260年、1281年，在巴勒斯坦和敘利亞境內，埃及兩次大敗蒙古軍，之後又粉碎了蒙古的三次入侵，迫使蒙古軍停止西進。

土耳其統治下的埃及

16世紀初，土耳其大舉進攻埃及，到1517年，埃及變成了奧斯曼帝國的一個行省。奧斯曼帝國在埃及設總督作為蘇丹的代理人，獨攬經濟、政治、軍事大權。

馬格里布的獨立

馬格里布位於北非，他的最早居民是柏柏爾人。8世紀以前，馬格里布一度處於阿拉伯人的殖民統治下。8世紀中期，馬格里布人民反阿拉伯統治者地鬥爭不斷興起。755年，突尼斯南部和內富薩山爆發了大起義。776年，起義首領伊本‧羅斯圖姆被擁立為教長，建立了羅斯圖姆王朝，後由阿格拉布家族繼承，這實際上是東馬格里布地區的獨立王朝。

788年，阿拉伯貴族伊德里斯‧班‧阿卜杜拉，依靠柏柏爾部落的力量，在摩洛哥北部建立了獨立的封建國家——伊德里斯王朝。

◆ 亞洲

阿拉伯帝國

　　7世紀阿拉伯人建立的伊斯蘭教封建帝國。西歐稱薩拉森帝國，中國史書稱大食。632年，穆罕默德死後，哈里發阿布·伯克爾統一阿拉伯半島。第二、三任哈里發都打著伊斯蘭教「聖戰」的旗號大舉擴張，到7世紀中葉佔領巴勒斯坦、敘利亞、埃及、利比亞和伊朗，奠定阿拉伯帝國的基礎。

　　8世紀初，大規模向外擴張，向西佔領整個北非、西班牙，向東佔領印度河下游。8世紀中期形成地跨歐亞非三洲的阿拉伯帝國。8世紀中葉以後100多年間，是帝國最強盛的時期，經濟繁榮，文化昌盛，推動了東西文化交流和世界文化的發展。

　　隨著宮廷揮霍無度和封建剝削的加速，民族矛盾、階級矛盾尖銳，到10世紀上半葉分裂為巴格達哈里發、開羅哈里發和科爾多瓦哈里發三個國家。10世紀中葉後，分裂成許多封建小國，1258年被西征的蒙古軍所滅。

穆罕默德二世

穆罕默德二世（1432—1481年）奧斯曼土耳其帝國第七代君主，是一位典型的馬上帝王，也是歷史上最以尚武好戰著稱的蘇丹。他在自己的30年統治期間親率大軍遠征26次，幾乎連年作戰。這其中最輝煌的戰果是在1453年攻克君士坦丁堡（見君士坦丁堡圍攻戰），從而滅亡了延續1000多年的拜占庭帝國。穆罕默德二世在其士兵洗劫了君士坦丁堡後，把這個城市改為奧斯曼帝國的首都，改稱伊斯坦堡。穆罕默德二世攻克君士坦丁堡後又向外擴張，使奧斯曼帝國成為一個地跨歐亞的國家。1481年穆罕默德二世準備出征羅得島時被長子毒死。

伊斯蘭教誕生

伊斯蘭教是世界三大宗教之一。中國稱「清真教」。自6世紀末，伊朗佔領也門和商路改走波斯灣後，阿拉伯半島商業衰落，社會矛盾激化。為鎮壓群眾反抗和奪回商路，阿拉伯貴族要求建立統一的國家。穆罕默德創立伊斯蘭教，以解決社會危機，610年在麥加公開傳教。622年被迫遷往麥地那，建立政教合一的國家。630年與

麥加貴族達成妥協，麥加接受伊斯蘭教，穆罕默德承認麥加神廟為清真寺。穆罕默德主張信徒都是兄弟，減輕奴隸負擔，主張救濟貧民，反對高利貸等，這些主張後來都錄入《古蘭經》。阿拉伯半島許多國家都加入伊斯蘭教，632年，半島大體統一。之後，伊斯蘭教傳入亞、非、歐，並於7世紀傳入中國。

「徙志」事件

由於穆罕默德主張信仰一神，反對多神教，影響到貴族與富商的利益，受到了麥加貴族的迫害。同時，雅特里布的居民因為受到麥加貴族的剝削，派代表請穆罕默德前去。622年，他與一些門徒離開了麥加，這就是著名的「徙志」。後來這一年被定為伊斯蘭教曆的元年，雅特里布也改成麥地那，即「先知之城」。

阿拉伯半島的統一

穆罕默德進入麥加後，繼續征服其他地區，到632年逝世，阿拉伯半島已經大體統一。麥加城成為阿拉伯的宗教中心，而麥地那則成為新國家的首都。

哈里發

穆罕默德逝世前沒有制訂繼承人，也沒有關於如何產生繼承者的遺囑。故其死後，圍繞這一問題展開了激烈地鬥爭，最後阿布‧伯克爾奪得政教大權，稱哈里發，定都麥地那。由此，開始了阿拉伯國家的四大哈里發時期。接著，歐默爾、鄂斯曼和阿里繼任哈里發。至摩阿維亞任第五任哈里發，從此哈里發職位世襲，開始倭馬亞王朝，遷都大馬士革。後來，阿拔斯王朝、西班牙倭馬亞王朝、埃及法蒂瑪王朝的統治者和16世紀以前的奧斯曼帝國君主，均稱哈里發。中國新疆地區的伊斯蘭教教師和回族地區的清真寺學員也稱哈里發。

倭馬亞王朝的統治

敘利亞總督摩阿維亞就任哈里發後，遷都大馬士革，將哈里發職位改為世襲，建立了倭馬亞王朝。此後，統治者繼續向外擴張。到8世紀中葉，阿拉伯帝國已經形成一個東到亞洲蔥嶺，與唐代的中國接壤；西到歐洲的西班牙，與法蘭克福為鄰；南達北非，地跨亞、非、歐三大洲的強大帝國，即中國史書上所稱的「大食帝國」。

阿拔斯王朝

750年，伊拉克大地主阿布‧阿巴斯推翻倭馬亞王朝，建立阿巴斯王朝。第二任哈里發曼蘇爾時期，在底格里斯河右岸營建新都巴格達。

阿拔斯王朝採用伊朗的政治制度，重用波斯人在政府機關中任職。統治者重視農業、興修水利，促進了農業發展，工商業也不斷發展，巴格達不僅成為政治中心，而且成為國際貿易中心。但後來由於柏柏爾人、突厥人等充斥王朝的軍隊，並竊居政府要職，使阿拔斯王朝日趨沒落。

945年，伊朗的白益人攻入巴格達，強迫哈里發承認他們的獨立地位，此後帝國的埃及、北非、西班牙等也紛紛要求獨立。1258年，蒙古人西侵的軍隊攻陷巴格達，阿拉伯帝國滅亡。

白益王朝

9世紀，阿拉伯帝國逐漸走向分裂。在巴格達哈里發爭權奪勢的同時，艾哈邁德於945年佔領巴格達，建立白益王朝，哈里發成為傀儡。

　　白益王朝建立初期，艾哈邁德政權不時遭到伊朗山區人民和美索不達米亞的阿拉伯部族的反抗，但都被艾哈邁德平息。到阿杜德·道萊統治時期（949—983年），國家達到極盛時期。興建了公共設施、醫院和庫爾河上的水壩，伊朗的賴伊和奈欣及伊拉克的巴格達成為主要的文化中心。阿杜德·道萊死後，由於他的兒子們爭奪，王朝日趨解體。

　　1029年，東部各族被突厥人佔領。1055年，白益王朝的最後一位統治者被塞爾柱突厥人突格里爾·貝爾廢掉，王朝告終。

迦梨陀娑

　　迦梨陀娑（大約生活於四五世紀），印度古代詩人、戲劇家。被譽為笈多王朝的「宮廷九寶」之一。他知識淵博，文化造詣深，在古代印度時期已是名聲大噪。詩歌有抒情短詩集《時令之環》，抒情長詩《雲使》，敘事長詩《鳩摩出世》。劇本有《摩羅維迦和火友王》、《沙恭達羅》等，其中以《沙恭達羅》最為著名。

開齋節

622年，穆罕默德遷居麥地那後，宣佈次年9月為齋月，並規定進行全月齋戒。在齋月中白天禁食。在齋月最後幾天以天空月牙出現為期，齋戒結束，次日即行開齋，為開齋節。在開齋前，每個有錢家庭的成員要拿出一定數量的財物，向貧困者施捨。後成定例，叫「開齋捐」。開齋時，一般全家聚在一起，先行祈禱，在進以清淡食物為主的開齋飯之後，穆斯林舉行隆重會禮和各種慶祝活動。這是伊斯蘭教的重大節日之一。

《古蘭經》

《古蘭經》是伊斯蘭教唯一的根本經典。它是穆罕默德在23年的傳教過程中陸續宣佈的「安拉啟示」的彙集。「古蘭」意為「宣讀」、「誦讀」或「讀物」。它的全部內容確立了伊斯蘭教的基本教義和制度，同時也反映了穆罕默德時代阿拉伯半島希貿茲地區的社會現實和伊斯蘭教傳播過程中的鬥爭概況。阿拉伯人的理性生活和文藝生活，都表現在《古蘭經》裡。

《一千零一夜》

《一千零一夜》中很多故事來源於古代阿拉伯社會的民間傳說，但經過阿拉伯人吸收、融化、改造和再創作，使它們真實生動地反應了阿拉伯社會的生活。這些故事多是讚美和歌頌人民的善良和智慧，抨擊和揭露壞人的邪惡和罪行。《一千零一夜》深受世界人民的喜愛，享有「世界大奇書」的美稱。

奧斯曼帝國

奧斯曼帝國的祖先是突厥人，原居中亞，後西遷小亞細亞，依附羅姆蘇丹。1299年，其酋長奧斯曼宣佈獨立，稱奧斯曼帝國。他不斷侵佔拜占庭帝國的領土。

14世紀末佔領巴爾幹島大部分地區，奠定了帝國的基礎。1453年蘇丹穆罕默德二世親率大軍攻陷君士坦丁堡，拜占庭帝國滅亡，並遷都於此，改名伊斯坦堡。

又經過100多年的擴張，到16世紀中葉，形成地跨歐亞非三洲的帝國。疆域包括埃及、阿拉伯半島、敘利亞、伊拉克、匈牙利、塞爾維亞、巴爾幹半島、阿爾及利亞、突尼斯等地區。國內階級矛盾與民族矛盾尖銳，

人民紛紛起義，17世紀中期國勢衰落。1919年爆發了資產階級革命，1922年帝國被推翻。

土耳其對外擴張

奧斯曼一世的兒子烏爾汗即位後，把侵略的矛頭指向衰落的拜占庭帝國，於1331年奪取了拜占庭在小亞細亞的全部領地。他死後，其子穆拉德一世正式稱蘇丹，繼續進行侵略擴張。1396年，土耳其挫敗了西歐五國聯合發動的十字軍遠征，控制了巴爾幹的絕大部分地區。

巴爾幹人民起義

蘇丹的長期侵略戰爭需要大量軍費，致使農民捐稅負擔越來越重。1511年，什葉派穆斯林發動了席捲整個小亞細亞的人民起義；1518年，小亞細亞又爆發了反對苛捐雜稅的農民起義。雖然起義都遭到鎮壓，但反抗鬥爭一直沒有停止。

伊斯坦堡

伊斯坦堡現在是土耳其最大的城市和海港。曾經是拜占庭帝國和奧斯曼帝國的都城，330年，羅馬皇帝君士坦丁在此定都，稱之為新羅馬，後改稱君士坦丁堡。1453年，被奧斯曼帝國佔領，拜占庭帝國滅亡。1923年，土耳其的首都遷到安卡拉之後，該城稱為伊斯坦堡。世界著名的索菲亞大教堂就坐落在這裡。

拔都西征

1229年，蒙古大汗窩闊台即位後，繼續推行侵略擴張政策。1235年，蒙古派拔都西征歐洲。1236年，拔都率大軍渡過烏拉爾河，征服了伏爾加河的保加爾人。1237年侵入俄羅斯。1238年焚燬莫斯科城。1240年，攻取南俄各城。1241年，蒙古軍打敗波蘭軍，毀滅波蘭首都克拉科丸又侵入匈牙利，攻陷佩斯等城。1241年12月，窩闊台去世，拔都於次年班師回國。拔都在1242年以伏爾加河下游的薩萊為都，建立了欽察汗國。

旭列兀西征

　　蒙哥統治時代，蒙古帝國繼續對外擴張。1253年，旭列兀西征軍啟程。1258年攻陷巴格達城，阿拉伯帝國滅亡。1259年向埃及控制的敘利亞進攻。1260年3月大馬士革迎降。1260年5月，旭列兀得知蒙哥去世，率部退回波斯。後敘利亞被埃及奪回，旭列兀西征結束。

　　旭列兀後在西征基礎上建立的伊兒汗國，領土東起阿姆河和印度河，西到小亞細亞，南抵波斯灣，北至高加索山。

笈多王朝的建立

　　320年，笈多王朝君主笈多一世即位後，征服了鄰近的王公，恢復了印度西北部的版圖。其子沙摩陀羅·笈多將版圖向西擴張到印度河，向東征服恆河下游。笈多二世時，笈多王朝國勢達到鼎盛，領土包括北印度全境，成為中世紀印度第一個封建王朝。

戒日帝國的建立

笈多王朝結束後，在今德里西北有個叫毗乞羅摩迭多逐漸擴張勢力，建立起伐彈那王朝。606年伐彈那開始稱王，號屍羅迭多（即戒日）。他在數年之內統一北印度，建立了一個與笈多帝國極盛時代相當的封建大帝國，其首都設在曲女城。戒日帝國的文化盛極一時。戒日王朝崇尚佛教，但也尊重婆羅門教。當時印度有三大學術文化中心。北印度的那爛陀寺是當時世界的佛教學術中心。

阿拉伯數字的發明

笈多帝國時期的印度，科學比較發達。現今通用的阿拉伯數字，其實就是印度人民發明的。早在古代，印度人就是用這種數字進行計算，不過那時還沒有「0」這樣的缺位符號。

「0」的使用大約始於笈多帝國時期，最初是一個點，幾世紀以後演變為圈。這10個數字從印度傳到阿拉伯，阿拉伯人略加修改後又傳到歐洲，被歐洲人稱為阿拉伯數字。

德里蘇丹國家

1186年，興起於阿富汗境內的廓爾王朝滅了伽色尼王朝，定都於北印度的德裡。1206年，廓爾王朝突厥人庫爾布·烏丁·伊巴克自立為蘇丹，統治以德里為中心的廣大地區。此後300多年的五個王朝國王均稱蘇丹，歷史上將其稱為德里蘇丹國家。

印度教的出現

隨著封建制度的確立，印度出現了綜合各種宗教，主要是綜合婆羅門教和佛教信仰的新宗教——印度教。印度教崇敬三個主神：梵天是主管創造世界之神，毗濕奴是主管維持世界之神，濕婆是主管破壞世界之神。

印度教吸收了佛教的禁慾、不抵抗等內容，其基本教義是從婆羅門教和佛教那裡吸取來的「法」和業力輪迴學說。印度教得到封建統治階級的保護和支持，9世紀以後，印度教成為了全國占統治地位的宗教。

莫臥兒帝國

德里蘇丹的殘暴統治受到人民的不斷反抗。1525年，巴爾布乘機侵入印度。1526年，巴布爾在德里北方的帕尼帕特打敗了蘇丹易卜拉欣的軍隊，佔領德里。1527年，巴布爾又在康努亞擊潰印度諸侯的聯軍，此後數年更是相繼征服了北印度大部分地區。巴布爾征服印度後建立起莫臥兒帝國，它在名義上一直存在到1857年，莫臥兒帝國初期，經濟繁榮，農工商業相當發達。在商品經濟發展的基礎上，大量的商業資本也開始活躍起來。

阿克巴改革

莫臥兒帝國君主阿克巴（1556—1605年）是印度歷史上最有作為的開明君主之一。他為了加強中央集權，調和階級矛盾，進行了一系列政治改革，包括實行宗教寬容政策，取消對非伊斯蘭教徒徵收人頭稅的政策，實行新的稅收制度，按土地的產量分等收稅，規定稅額為收成的三分之一；取消包稅制；發展經濟，改革陋習。阿巴克改革使莫臥兒帝國進入了全盛時期。

朝鮮三國時期

　　進入4世紀以後樂浪郡被高句麗佔領。百濟完全消滅了馬韓54國。辰韓也由12國合併為新羅、慕韓、辰韓等數國。朝鮮形成高句麗、新羅、百濟三國鼎立時期。史稱「朝鮮三國時期」。9世紀，各地農民起義，900年部隊將領甄萱稱王，建後百濟國，定都光州；903年起義僧侶金弓裔稱王，於新羅北及西北建泰封國（先號摩震國），定都鐵原，918年王建建立高句麗王朝，此後定國號「高句麗」；和原新羅並稱為「朝鮮後三國時期」。新羅在935年被高句麗所滅，新羅時代結束。

田柴科制

　　10世紀上半期，弓裔部將王建殺裔稱王，建立高句麗王朝，重新統一朝鮮半島。976年，國家實行「田柴科」。田指耕地，柴指柴林，科指官吏的等級。田柴科是國家把土地的收租權按等級授予受田者（文武百官，以至府兵、閒人），等級越高分得的土地和林地越多。只有功臣和歸順的豪族另外得到世襲土地，其餘的土地在本人死後歸還，不准世襲。其餘絕大部分土地作為公

田，由國家直接租佃給農民耕種並徵收租稅。這樣，國家基本上把土地和農民控制在自己手裡。田柴科確立了國家對土地的最高支配權，成為專制集權國家的強有力的物質基礎。

高句麗農民起義

高句麗的繁榮局面持續了200年左右，後因外族的入侵，高句麗國力在戰勝中衰敗，社會矛盾也激化起來。1176年1月，忠清南道公州鳴鶴所農民，在亡伊、亡所伊領導下，攻佔公州，揭開農民大起義的序幕。

亡伊自稱「山行兵馬使」，意思是老百姓的指揮官。「所」是農民居住的地方，說明農民是這次起義的主力。公州轄四郡八縣。農民軍佔領公州，是對政府的沉重打擊。2月，農民軍打敗政府派來進行鎮壓的3000精兵，聲勢大振。與此同時，全羅道、慶尚道也發生農民起義。到1177年4月，農民軍先後攻佔驪州、鎮川、牙州等地，控制了忠清南北道和京畿道南部，直接威脅首都開京。7月，政府以談判為名，背信棄義地誘捕亡伊、亡所伊，關入監獄，起義軍漸漸瓦解。

壬辰衛國戰爭

　　即萬曆朝鮮戰爭，16世紀80年代，日本戰國末期，豐臣秀吉以武力統一全國後，為鞏固其統治，妄圖對外擴張，決定以武力征服朝鮮，入侵中國，進而稱霸東亞。1592年（壬辰年）4月發兵15萬餘人，大舉入侵朝鮮。朝鮮大片國土陷入敵手。朝鮮向中國求援。翌年1月，朝鮮愛國官兵在明軍的支援協同下，一舉收復西京、開城，直指京城。

　　日將小西行長率殘部南逃至釜山沿海一帶。日本於1593年8月被迫接受「議和」，但談判拖延3年，未能達成協議。1597年2月，豐臣秀吉又出兵14萬人入侵朝鮮，但最終敗北。1598年豐臣秀吉病死。其部將德川家康遵其遺命於10月下令撤軍。11月19日，日本侵略軍遭朝中聯軍致命打擊，日本海軍幾乎全部被殲。一代名將李舜臣和鄧子龍壯烈犧牲。長達7年之久的朝鮮壬辰衛國戰爭，以朝中人民的勝利而結束。

聖德太子改革

　　587年，日本大貴族蘇我氏和物部氏爆發內戰，結果蘇我氏獲勝，擁立推古女皇，由聖德太子攝政。聖德

太子採取了一系列改革的措施，抑制了貴族勢力，促進了封建生產關係的確立。他還向隋唐派出使節，吸收中國的典章制度和文化，促進了日本文化的發展。

平安時代

794年桓武天皇將首都從奈良移到平安京（今京都）日本進入平安時代。為了削弱權勢貴族和僧侶的力量，桓武天皇於784年決定從平城京遷都到山城國的長岡（今京都市），在那裡籌建新都，命名為平安京，希望藉此獲得平安、吉利、安寧與和平。

由於平安京於794年完工，故史家常把794年作為平安朝的開始。平安時代是日本天皇政府的頂點，也是日本古代文學發展的頂峰。在平安時代中武士階層得到發展，到這個時代的後期，武士階層從貴族手中奪取了權力，後來建立了幕府。

平安時代，日本與中國有非常緊密的交往，在日本，儒學得到推崇，同時佛教也得到發展。

武士興起

籐原氏的統治極端腐敗，人民窮困破產，四處流浪逃往，到處舉行起義。而此時大化改新建立的地方軍團已因班田制的瓦解而廢弛。各地莊園主為了鎮壓人民起義，保護莊園，擴充勢力，往往透過莊司組織武裝家兵。這些家兵由主人供應裝備、給養，並受主人的保護，這就是日本歷史上「武士」的起源。武士與首領結成封建的主從關係，在平時和戰時對其首領必須絕對效忠。武士集團的首領有一些是地方莊園主和郡司土豪，有一些則是淪落的貴族子弟。

日本統一國家形成

15世紀中期，日本進入了長達百年的大封建主割據混戰的「戰國時代」。16世紀中期，大名織田信長先後打敗了附近的大名，於1558年攻佔京都，於1573年結束室町幕府的統治。1582年，織田信長死後，他的親信豐臣秀吉又進行多次戰爭，到1590年終於結束了分裂的局面，並把北海道地區首次置於中央政府統治之下，實現了日本的統一。

《源氏物語》

日本中古物語文學的典範作品《源氏物語》，是世界上最早的長篇小說。一般認為成書於11世紀初，作者是女作家紫式部。

紫式部在作品中描寫了源氏一生政治命運的沉浮及其縱情聲色的生活，反映了平安時代中期日本宮廷錯綜複雜的權勢鬥爭和貴族糜爛的兩性關係，從而展示了這一時期上層貴族的精神面貌。

 近代時期

◆ 英國

圈地運動

圈地運動始於15世紀末，其原因主要是因新航路開闢後，羊毛價格昂貴，養羊遂成為有利可圖的事業；此外「價格革命」引起貨幣貶值和物價上漲，固定地租的實際收入頓減，促使英國貴族地主改變土地經營方式，用強佔手段圈占土地，從事養羊。16世紀後期，隨著人口的增加，糧價上漲，有的被圈的土地又改為農場，同時，繼續擴大圈地。圈地運動是資本主義性質的土地關係變革，是資本原始積累的手段之一，加速了英國資本主義的發展。

英國宗教改革

16世紀，羅馬教廷控制下的英國天主教會，成為加強王權的主要障礙。1534年，亨利八世以教皇不准其與

王后離婚為由，促使議會通過《至尊法案》，宣佈英王為教會的最高首領，英國教會徹底與羅馬教廷決裂。此後，英王多次下令關閉天主教修道院，沒收其財產。伊麗莎白一世統治時期，再度重申《至尊法案》，1571年，頒布《三十九信條》作為新教義。改革後的英國教會稱英國國教，又稱聖公會、安立甘教會。英國宗教改革建立了民族教會，有其進步意義。但其保留的天主教殘餘太多，從而引發了後來的清教運動。

清教運動

清教徒原屬國教中的一個派別，他們反對國教繁瑣的宗教儀式，要求按照加爾文教的教義加以改革；反對國王主宰教會，反對主教制度，主張宗教的最高權威是《聖經》；強調「勤儉」，主張以勤奮去「獲得財富」。清教教義成為英國資產階級革命中資產階級、新貴族進行反封建鬥爭的思想武器。

16世紀末，在清教徒中形成了兩個主要派別，即長老派和獨立派。隨著反封建鬥爭的日益激烈，教派逐漸演變成政治派別。前者反映大資產階級和上層新貴族的態度，政治上較為溫和；後者則反映中等有產者的願望，態度較激進。

長老派

清教運動中反對英國國教的主教制，提出以選舉產生的長老來取代國王任命的主教。即由長老組成宗教會議，管理教會，故被稱為「長老會」教派。隨著反封建鬥爭的日益激烈，在英國資產階級革命時期，長老會逐漸演變成政治派別。其傾向溫和，反映大資產階級和上層新貴族的態度，在國會中最初與獨立派聯合共同向王權作鬥爭。革命初期，長老派掌握國會的領導權，著手進行對封建制度的改造，頒了一系列反封建法令，保障工商業發展；在宗教政策上，廢除主教制，以長老會取代國教。但由於其經濟政策的排他性和主張向國王妥協，1647、1648年，先後兩次被激進的獨立派清洗出國會。

伊麗莎白一世

伊麗莎白一世（1533—1603年）英國都鐸王朝著名的女王（1558—1603年在位）。她在位期間，最終確立了英國國教的地位。她採取嚴酷的措施，強迫全體英國人都遵從她在宗教上的這些決定，對天主教徒處以死

刑。在政治上，她依靠新貴族和城市資產階級，進一步發展絕對君主制。在經濟上，伊麗莎白一世推行重商主義政策，保護本國工業的發展，為貿易公司頒發特許狀，且大力發展航海業和軍需工業。在對外關係方面，她統治時期英國與西班牙展開了長達半個世紀的鬥爭，伊麗莎白女王甚至鼓勵英國海盜對西班牙商船的掠劫行為，視走私和販賣黑奴的活動為發財致富的有效途徑；並支持西班牙的屬地──尼德蘭的革命。1588年，英國擊潰西班牙的「無敵艦隊」後，初步奠定了英國海上霸權。在東方，則支持成立英國東印度公司。

英國東印度公司

全稱為「在東印度群島貿易的倫敦商人的總裁和公司」。成立於1600年12月30日。成立該公司，目的是發展英國對遠東與東印度的貿易，領有「皇家特許狀」。1708年，獲得在印度宣戰和媾和的特權。18世紀中葉到19世紀中葉，通過一系列的戰爭，確立起英國在印度的統治。其間實施壟斷貿易，從事海盜式掠奪，大量種植鴉片，走私輸入中國，掠奪大量財富並獲得巨額利潤，成為英國資本積累的重要來源。工業革命後，英國於1773年和1784年，分別頒布了《管理法案》與《皮特印

度法案》，公司逐漸喪失了商業上和政治上的控制權，
1813年，又喪失壟斷權。1837年後，僅成為英國政府管
理印度的代理機構。1858年，在印度民族大起義的打擊
下被撤銷。1873年，終止法人地位，公司解散。

都鐸王朝

1485年，蘭開斯特家族的遠親都鐸家族的亨利獲
勝，奪取英國王位，稱亨利七世，開始了都鐸王朝的統
治。王朝統治時期，封建制度逐漸解體，資本主義勢力
迅速發展。亨利八世繼位後（1509—1547年在位），為
了加強王權，進行宗教改革，建立了英國國教。在經濟
上，王朝推行重商主義政策。大力發展航海業和軍需工
業。對外與西班牙作戰，1588年殲滅西班牙的「無敵艦
隊」。其後英國初步奪得了大西洋航線的控制權。1603
年，伊麗莎白一世死後無嗣，王朝中絕。

斯圖亞特王朝

1603年，伊麗莎白一世死後由詹姆士一世繼承王
位，建立斯圖亞特王朝。詹姆士一世（1603—1625年在

位）在位期間，奉行「君權神授」的信條，致使專制王權與議會之間的矛盾加劇。詹姆士一世試圖用增加稅收的辦法解決財政危機，觸犯了資產階級和貴族的利益。查理一世（1625—1649年在位）統治期間，政府債台高築，便借助於議會補助金來解決日益嚴重的財政困難。致使議會在稅務問題上與國王的矛盾日益尖銳，1640年，英國資產階級革命爆發，查理一世藉機挑起兩次內戰。國王戰敗後，1649年，查理一世被處死，斯圖亞特王朝被推翻，英國宣佈成立共和國。1660年，查理一世之子查理二世復辟。在他統治期間對革命參加者實施打擊報復。1688年，「光榮革命」中，詹姆士二世又被推翻，王位傳給其女瑪麗及其丈夫荷蘭執政威廉。1714年，王位又傳至斯圖亞特家族遠親漢諾威選帝侯家族。

查理一世

查理一世（1600—1649年）英國斯圖亞特王朝國王（1625—1649年在位）。查理一世即位之初，推行對抗國會、打擊新興工商業的政策，致使國會與王權的矛盾尖銳。1628年，召開的國會通過了《權利請願書》，要求不經國會同意，國王不得徵稅；不得任意逮捕人或剝

奪其財產。查理一世勉強接受請願書，但於次年悍然解散國會，開始長達11年的無國會統治時期。在他統治期間，採取打擊資本主義工商業發展的措施，恢復已廢棄的稅收，將大量人民生活必需品引入商品專賣制的範圍；在宗教上，殘酷迫害清教徒，致使大批清教徒逃亡國外；對外與西班牙和法國進行戰爭。查理一世的專制統治最終引起了英國資產階級革命。1642、1648年，他又兩次挑起內戰，均被打敗。1649年1月，被處死。

蘇格蘭人民起義

斯圖亞特王朝雖然統治著蘇格蘭和英國兩部分，但兩國並未合併，蘇格蘭保持的獨立性。英國的宗教改革使蘇格蘭宗教也受到影響，蘇格蘭也出現了「清教徒」，並在教會中有一定的地位。1637年，查理一世命令蘇格蘭必須採用英國國教祈禱書，這對蘇格蘭清教徒來說是一種侮辱。由此引發蘇格蘭起義。起義軍一直打過邊境，佔領英格蘭北部的一些地區，這嚴重威脅了查理一世的統治。1640年11月，查理一世被迫召開會議，企圖以合法的形式籌集軍費，但他沒有想到這次會議的召開成為英國資產階級革命開始的標誌。

克倫威爾

　　克倫威爾（1599—1658年），英國17世紀資產階級革命的領袖、政治家和軍事家。1642年，英國內戰開始，他以自己組織的「鐵騎軍」屢建戰功。1645年，他指揮這支軍隊，戰勝了王黨的軍隊。1649年1月30日，他以議會和軍隊的名義處死國王查理一世。5月，宣佈英國為共和國，成為實際軍事獨裁者。1653年，他驅散議會，自任「護國主」，但國內經濟狀況不斷惡化，階級矛盾日趨尖銳，克倫威爾始終未能穩定局勢。1658年病死。

馬斯頓荒原之戰

　　1642年1月，查理一世在約克城組織保王軍隊，準備以武力鎮壓國會派的「叛逆」行為。8月22日，他在諾丁漢樹起了王軍旗幟，宣佈討伐國會內的叛亂分子，從而拉開了英國內戰的序幕。1644年7月2日，馬斯頓荒原之戰爆發。在克倫威爾率領的左翼騎兵隊的奮戰下，英國國會軍一舉將國王軍擊潰。此戰役中國王軍投入1.5萬人，死亡3000多人，被俘1500人。馬斯頓荒原之戰是

英國內戰的轉折點，它扭轉了國會軍連連失利的局面。克倫威爾的部隊因此戰役以「鐵騎軍」聞名全國。

新模範軍

英國資產階級革命時期國會組織的軍隊。1645年組建，稱「新軍」，後被稱為「新模範軍」。共兩萬兩千人，基本由自耕農組成，由克倫威爾負責指揮。在英國兩次內戰中發揮巨大作用。1649年共和國成立後，成為資產階級和新貴族鎮壓人民運動的工具。

英吉利共和國的成立

1649年2月16日，英國議會下院通過了取消上院的決議。7日，下院又通過了關於取消君主制的決議。從此，英國成為「沒有國王及上院」的一院制共和國。2月7日，下院通過了關於設立叢屬下院的國務會議的決議。13日，國務會議正式成立，布拉德肖被任命為國務會議主席。1649年5月，議會正式宣佈：「英國為共和和自由的國家，由民族的最高主權管轄之。」英吉利共和國由此成立。

掘地派運動

掘地派出現於1649年共和國成立之初,自稱為「真正平等派」。領導人為溫斯坦萊和艾維拉德。掘地派最初佔領倫敦附近薩里郡的聖‧喬治山上的共有地和荒地,進行集體開墾、耕種,並號召其餘的人都來參加他們的隊伍。他們的號召在肯特郡、白金漢郡、北安普頓郡等地得到廣泛響應,人數迅速增加。掘地派反對土地私有制,主張建立土地共有、共同勞動、共享勞動果實的社會。掘地派的思想帶有原始共產主義色彩,但不主張用暴力去實現理想。把希望寄托在統治者身上。掘地派運動反映了英國當時社會最貧窮階層人民的思想和願望。1651年被克倫威爾鎮壓。

航海條例

1651年,英吉利共和國政府針對當時英國海上貿易的主要競爭對手荷蘭頒布的條例。條例規定:凡從歐洲運往英國的貨物,必須由英國船隻或商品生產國的船隻運送;凡從亞洲、非洲、美洲運往英國或愛爾蘭以及英國各殖民地的貨物,必須由英國船隻或英屬殖民地的船

隻運送。英國各港口的漁業進出口貨物以及英國國境沿海貿易的貨物，完全由英國船隻運送。這些規定導致1652年的第一次英荷戰爭。荷蘭戰敗，被迫承認這一條例。1661年頒布的航海條例重申1651年航海條例的主要內容，規定某些產品只能運送到英國和愛爾蘭或英國其他殖民地。1665年爆發第二次英荷戰爭，英國戰敗，航海條例稍有放寬。1651年以後頒布的航海條例是為了壟斷英國和殖民地的貿易，維持英國殖民地對英國的依賴，限制殖民地的經濟發展。1672年和1692年英國政府又先後頒布航海條例。隨著英國工業革命的完成，英國開始實行自由貿易政策。到1849年廢除大部分航海條例。1854年，外國的商船被准許從事英國沿海的貿易。至此，航海條例所規定的限制完全取消。

英荷戰爭

英國內戰結束後，恢復擴張路線，大力發展海軍，1651年立法禁止荷蘭參與英國海上貿易，兩國進行了三次貿易戰爭。第一次英荷戰爭，荷蘭戰敗，兩國簽訂《威斯敏斯特和約》，荷蘭承認英國的海上霸主地位。第二次英荷戰爭，英國戰敗被迫簽訂《佈雷達和約》，在貿易權上作出了讓步，並重新劃定了海外殖民地。第

三次英荷戰爭，英法聯合對荷蘭宣戰，荷蘭戰敗並簽訂《威斯敏斯特和約》，戰爭結束。英國通過三次戰爭奪取了海上霸主地位，建立了海權——貿易——殖民地的帝國主義模式，成為世界海軍發展史上的里程碑。

牛頓

艾薩克·牛頓（1642—1727年）。1665年，牛頓由蘋果落地發現了轟動世界的萬有引力定律，找到了蘋果落地的原因：地球和蘋果是相互吸引的，整個宇宙中有一種萬有引力在起作用，而引力的大小和相互吸引的物體的質量成正比。這一年牛頓才23歲。在隱居的兩年裡，牛頓不僅發現了二項式定理，而且完成了微積分、光學和萬有引力法則這三大發現。

光榮革命

光榮革命是指1688—1689年英國資產階級和新貴族發動的推翻詹姆斯二世的統治、防止天主教復辟的非暴力政變。西方資產階級歷史學家因為這場革命未有流血，故稱之為「光榮革命」。

《權利法案》

　　《權利法案》是斯圖亞特王朝國王們與英格蘭人民和議會在17世紀長期鬥爭中的成果。它成為1688年革命後施政的基礎。法案的主要目的在於明文宣傳詹姆士二世的各種措施為非法。法案規定：不經議會同意，國王無權徵稅；不能在和平時期維持常備軍；議會要定期召開；議員的選舉不受國王干涉；議員有在議會活動的自由等。同時法案也確定的王位繼承問題。《權利法案》為限制王權提供了憲法保障，是英國法律的基本組成部分之一。

資產階級革命

　　資產階級革命通常是資產階級借助人民群眾的力量進行的反封建主義、地主階級統治或其他落後反動統治的革命。目的是資產階級要求掌握政權，為資本主義的發展掃除障礙。一般是資本主義經濟有了比較明顯的發展，思想輿論也有了充分準備的情況下爆發的革命。因為革命結果是以一種剝削形式代替另一種剝削形式，所以，資產階級是無法把千百萬勞動群眾長期團結在自己的周圍的。

三角貿易

　　16世紀開始的「黑三角貿易」即奴隸貿易，歐洲奴隸販子從本國出發裝載鹽、布匹、朗姆酒等，在非洲換成奴隸沿著所謂的「中央航路」通過大西洋，在美洲換成糖、煙草和稻米等返航。

　　在歐洲西部、非洲的幾內亞灣附近、美洲西印度群島之間，航線大致構成三角形狀，由於被販運的是黑色人種，故又稱「黑三角貿易」。歷時400年之久。

工業革命

　　工業革命有時又稱產業革命，指資本主義工業化的早期歷程，即資本主義生產完成了從工場手工業向機器大工業過渡的階段。是以機器生產逐步取代手工勞動，以大規模工廠化生產取代個體工場手工生產的一場生產與科技革命，後來又擴充到其他行業。這一演變過程叫做工業革命。

蒸汽機時代

蒸汽機的出現，標誌著人類進入了一個新的時代——蒸汽機時代。它改變了人類以力量，畜力、水力作為主要動力的歷史，使各種機器有了新的強大的動力，導致了人類歷史上第一次技術革命。蒸汽機的發明、發展經歷了漫長時期，許多科學家、發明家對此都作出了貢獻，而其中對蒸汽機的發展和改進做出重大的一系列突破性貢獻的是瓦特。

珍妮紡織機

1764年，木匠哈格里夫斯為了增加收入，在家中還兼作紡紗織布。那時織布用的飛梭剛發明不久，紡紗與織布之間的平衡被打破了，出現了「棉紡饑荒」。多織布才能多收入。一天，哈格里夫斯偶然發現被妻子無意碰翻的紡車的紡錘直豎起來仍然轉動。哈格里夫斯從這次意外發現中受到啟發，從此，它試著將紡錘豎裝，並將1個紡錘改為7個、8個，以後又增加到16個、18個。世界上第一台紡紗機問世了，取名為「珍妮紡織機」。

亞當·斯密與《國富論》

亞當·斯密是英國古典政治經濟學的主要代表人物之一。1776年，他在劃時代的著作《國富論》中提出「一切財富的本源是勞動」的觀點，提出了勞動價值論，創建了政治經濟學的科學體系，為後來的古典政治經濟學奠定了理論基礎。

他還提出了自由主義經濟理論，反對國家干涉經濟，促進了資本主義經濟的發展。

富爾頓發明汽船

英國機器大工業的發展，要求革新交通工具，以便迅速運輸生產出來的產品，供應大量的原料和燃料。1807年，美國發明家富爾頓造出了「克萊蒙脫」號汽船。富爾頓親自駕駛這艘汽船，進行了從紐約到奧爾巴尼的首航。

在航行中，富爾頓的汽船趕上許多單桅和雙桅的帆船，並把它們遠遠拋在後面。從此，英國遠洋航行的船隊力量大大加強了。

史蒂芬孫與火車

1814年，出身於礦工家庭的英國工程師史蒂芬孫發明了第一台實用型的蒸汽機車，這台機車在前進時不斷從煙囪裡冒出火來，因此被稱為「火車」。1825年，英國建設了從斯托克頓到林頓的第一條鐵路。史蒂芬孫駕駛著自己設計的蒸汽機車，托帶著34節車廂，由一個騎馬的人作前導發出信號，在這條鐵路上試車。從此，人類進入了「鐵路時代」。

◆ 17—18世紀的歐、美

投石黨運動

路易十四登位之初，紅衣主教馬薩林任首席大臣。馬薩林在任職期間開徵新稅，橫徵暴斂。貴族們便以巴黎高等法院的法官為代言人，公開進行反抗。路易十四遂下令停止高等法院會議。高等法院對此提出抗議，並在聖路易院通過了政治和財政綱領。1648年12月，投石黨人孔代親王率軍包圍巴黎，王室人員倉皇逃離。1650

年，逃離在外的王室人員重返巴黎，運動結束。這次事件歷史上稱為「投石黨運動」。

路易十四

路易十四4歲時就登基做國王了，他的母親，奧地利的安娜及首相馬薩林代他執政，1661年他才開始親政。在首相馬薩林的支持下，路易十四在法國建立了一個以他為中心的、巴洛克式的專制王國。他將整個法國的官僚機構集中於他的周圍，以此增強了法王的軍事、財政和機構的力量。他與教皇之間不和。他執政期的後期，法國國庫空虛瀕臨破產。路易十四比他的兒子和最大的孫子活得都長，他的重孫路易十五繼承了他的王位。

啟蒙運動

啟蒙運動通常是指在18世紀初至1789年法國大革命間的一個新思維不斷湧現的時代。啟蒙運動的倡導者將自己視為大無畏的文化先鋒，並且認為啟蒙運動的目的是引導世界走出充滿著傳統教義、非理性、盲目信念以及專制的一個時期。啟蒙知識的中心是巴黎。啟蒙運動導致了資本主義和社會主義的興起。

普魯士王國

　　普魯士王國是在12—13世紀所形成的勃蘭登堡區的基礎上發展起來的，其統治者是霍亨索倫家族。1415年，家庭代表腓特烈一世從神聖羅馬帝國皇帝那裡取得了勃蘭登堡領地和選侯的稱號，在16世紀宗教改革中，攫取了天主教會的土地。1618年，通過繼承，取得了波蘭的附屬國東普魯士。1648年，乘波蘭選新國王之機，擺脫了對波蘭的臣屬關係。在七年戰爭中，從奧地利手中奪取了兩西里西亞。1772年瓜分波蘭時，又分得西普魯士，從而把西普魯士和東普魯士連接起來，形成了強大的普魯士王國。

腓特烈二世

　　腓特烈二世（712—1786年）普魯士第三代國王，史稱「腓特烈大帝」。在位期間，透過加強容克軍國主義和推行侵略性的外交政策，奠定普魯士在歐洲的強國地位。在內政方面，腓特烈二世擴充軍隊，實行軍事官僚專制，同時開始《普魯士國家通典》的編纂。經濟上推行重商主義政策和促進農業生產政策，並通過嚴格的國家壟斷和賦稅政策，增加國庫的收入。

盧梭與《社會契約論》

1762年，盧梭的重要著作《社會契約論》出版。這部書是反映他政治思想主張的代表作之一。在這部著作中，盧梭設計了一個資產階級改革方案。

他依據國家起源的契約理論，設計了一個在當時的社會條件下可以允許存在的國家制度。盧梭的社會契約學說對18世紀的法國大革命起了直接的指導作用。

伏爾泰

伏爾泰（1694—1778年）法國啟蒙思想家、文學家、哲學家。伏爾泰是18世紀法國資產階級啟蒙運動的旗手，被譽為「法蘭西思想之王」、「法蘭西最優秀的詩人」、「歐洲的良心」。

他提倡天賦人權，認為人生來就是自由和平等的，一切人都具有追求生存、追求幸福的權利，這種權利是天賦予的，不能被剝奪，這就是天賦人權思想。

孟德斯鳩

孟德斯鳩（1689—1755年）法國偉大的啟蒙思想家、法學家。孟德斯鳩不僅是18世紀法國啟蒙時代的著名思想家，也是近代歐洲國家比較早的系統研究古代東方社會與法律文化的學者之一。他的著述雖然不多，但其影響卻相當廣泛，尤其是《論法的精神》這部集大成的著作，奠定了近代西方政治與法律理論發展的基礎，也在很大程度上影響了歐洲人對東方政治與法律文化的看法。

彼得一世改革

俄國沙皇彼得一世為強化中央集權和鞏固奴隸制而進行的改革。改革的主要內容：向西歐先進資本主義國家學習；發展工業；整頓混亂的財政稅務制度，把國家的財稅大權集中到沙皇控制的中央政府手中。彼得一世的改革促進了俄國經濟的發展，鞏固了貴族地主和商人專政，為躍居歐洲軍事大國奠定了基礎。

北方戰爭

17世紀末俄國進行了彼得一世改革，為了獲得貿易出海口，1700年，俄國對瑞典宣戰，瑞典國王查理十二帥軍全殲了俄軍。彼得一世在全國進行了動員，再次組建了強大的陸軍，並建立了海軍。

1704年俄軍攻克納爾瓦。戰爭持續到1720年。1720年俄海軍擊敗瑞典艦隊並登陸瑞典本土。第二年9月雙方簽訂《尼什塔德和約》，俄國獲得波羅的海沿岸領土，打通了波羅的海出海口。俄國自此成為爭奪世界霸權的強國。

俄都聖彼得堡

俄國與瑞典的北方戰爭爆發後，彼得一世於1703年在涅瓦河右岸建彼得保羅要塞。1709年經波爾塔瓦戰役對瑞典戰爭取得決定性勝利後，彼得決定以彼得保羅要塞為基礎，在涅瓦河口兩岸建新都——聖彼得堡，使它成為俄國面向歐洲的一個窗口。1713年，彼得正式將首都遷到聖彼得堡。

波士頓傾茶事件

1767年英國通過國會法令，向美國殖民地每磅茶葉徵收3便士的稅收。在法令通過的兩年內，當英國從倫敦運送茶葉到美國時，美國民眾群情激奮。人們紛紛示威遊行，要求英國運茶船返回英國。波士頓的一批青年組成「波士頓茶黨」，於1773年12月16日夜裡化裝成為印第安人，登上在波士頓港強行靠岸的東印度公司的茶船，把茶葉全部倒入大海，使東印度公司損失18000英鎊。此即著名的「波士頓傾茶事件」。

萊剋星頓的槍聲

1775年4月18日晚，英國殖民軍準備偷襲波士頓西北鄰萊剋星頓和康科德兩地民兵的秘密軍火庫。英軍一出發，負責偵查英軍行動的民兵就在波士頓北教堂的塔尖上懸掛起燈籠。民兵看到燈籠就迅速集合應變。19日拂曉，英軍在萊剋星頓遭到迎頭痛擊，大敗而歸。此次戰鬥打響了美國獨立戰的第一槍，揭開了北美獨立戰爭的序幕。

第一屆大陸會議

1774年9月5日，北美殖民地在費城召開了殖民地聯合會議，史稱「第一屆大陸會議」。大陸會議通過了《權利宣言》，要求英國政府取消對殖民地的各種經濟限制和5項高壓法令；重申不經殖民地人民同意不得向殖民地徵稅，要求殖民地實行自治，撤走英國駐軍。如果英國不接受這些要求，北美殖民地將於12月1日起抵制英貨，同時禁止將任何商品輸往英國。大陸會議同時還向英王呈遞了《和平請願書》，表示殖民地仍對英王「效忠」。儘管這次大陸會議沒有提出獨立問題，但它是殖民地形成自己的政權的重要步驟。

華盛頓

喬治‧華盛頓（1732—1799年）1775年7月3日，華盛頓就任大陸軍總司令。通過特倫頓、普林斯頓和約克德等戰役，擊敗英軍，取得了北美獨立戰爭的勝利。1783年《巴黎和約》簽訂，英國被迫承認美國獨立。1787年他主持召開費城制憲會議。制定聯邦憲法，為根除君主制，制訂和批准維護有產者民主權利的憲法作出

不懈的努力。1789年，當選為美國第一任總統。被尊為
美國國父。

《獨立宣言》

　　《獨立宣言》是一份於由托馬斯‧傑斐遜起草，並
由其他13個殖民地代表簽署的最初聲明，北美十三個殖
民地擺脫英國的殖民統治的文件。1776年7月4日，大陸
會議通過了《獨立宣言》。《獨立宣言》在人類歷史上
第一次以政治綱領的形式提出了：人人生而平等、人具
有不可剝奪的生命、自由和追求幸福的權利，以及政府
必須經人民的同意而組成，應為人民幸福和保障人民權
利而存在，人民有權起來革命以推翻不履行職責的政
府。它也直接影響了法國大革命，對亞洲、拉丁美洲的
民族獨立運動起了一定的推動作用。

《1787年憲法》

　　美國獨立後用的鬆散邦聯式國體經過一段時間被證
明不利於實行統治。為了加強中央集權，美國13個州的
55名代表於1781年5月在費城召開了制憲會議。9月，制

憲會議通過了聯邦憲法，史稱《1787年憲法》。該憲法
規定了美國的國體、三權分立原則的具體運用、總統的
職責任期、選舉權等問題。這一憲法對維護美國資本主
義發展，鞏固資產階級統治有重要作用。

《美利堅合眾國憲法》

　　世界上最早的一部成文憲法是美國1787年的憲法。
獨立戰爭後，美國建立了聯邦國家。政權建立初期，美
國的內政外交很不穩定，於是決定召開制憲會議。1787
年5月各代表開始討論憲法草案，1789年正式宣佈這一
憲法為《美利堅合眾國憲法》。美國憲法既鞏固了美國
的國家統治，也對美國政治、經濟的發展產生了積極作
用。

班傑明‧富蘭克林

　　富蘭克林是美國資產階級民主主義者，傑出的政治
家，著名的科學家。他出身貧寒，只上了兩年學，做過
印刷工，賣過報。他建立了北美第一個公共圖書館（1731
年），組織北美哲學會（1743年），協助創辦賓夕法尼

亞大學（1751年）。獨立戰爭時他參加反英鬥爭，當選
為第二屆大陸會議代表，並參加起草《獨立宣言》。富
蘭克林於1776年至1785年出使法國，促使法國與美國締
結了軍事同盟。在1787年制憲會議上，他主張廢除奴隸
制度。他還發明了避雷針。

三級會議

由國王召集，參加者有教士、貴族和市民三個等級
的代表。會議是不定期的。它的主要職能之一是批准國
王徵收新稅。1302年，腓力四世召開第一次三級會議。
英法百年戰爭時期，三級會議權監督政府。16—17世紀
初，專制王權加強，三級會議的權力被削弱。從1617年
三級會議中斷。1789年5月法國大革命前夕，法王被迫
再度召開三級會議，但隨即為國民議會取代。至此三級
會議完成了歷史使命。

法國資產階級革命

又稱「法國大革命」。1789年5月，法王路易十六
為解決財政危機，被迫召開三級會議。7月14日，巴黎

人民攻克巴士底獄，革命爆發。8月，制憲議會通過《人權宣言》，1791年又制定了憲法。1792年，巴黎人民再次起義推翻國王，9月成立共和國。1793年1月處死國王，同年巴黎人民第三次起義。6月，資產階級激進派雅各賓派取得政權，實行專政，頒布1793年共和制的憲法，廢除封建所有制，平定反革命叛亂，粉碎歐洲君主國家的反法聯盟的進攻。

1794年7月熱月政變中，大資產階級奪取了政權，革命結束。這次革命對歐洲各國乃至其他大陸都產生了巨大影響，具有重大的歷史意義。

巴士底監獄

巴士底監獄原意是堡壘，法國許多地方都建有巴士底監獄。巴黎的巴士底監獄建於1382年，原為一座軍事城堡，後改為王家監獄。它位於巴黎市郊聖安東街，溝深牆高，無法攀登，只有吊橋相通。

1789年大革命前夕，巴士底監獄內藏有大量槍支。1789年7月14日，巴黎人民向巴士底監獄發動猛攻，經過4小時的激戰，攻佔巴士底監獄。釋放獄中囚犯後，把它夷為平地，改為巴士底廣場。

《人權宣言》

《人權宣言》是《人權和公民宣言》的簡稱，由拉法夷特等起草，於1789年8月26日由制憲會議通過。但是路易十六拒絕批准。10月，巴黎群眾手持武器向凡爾賽進軍，衝進王宮，路易十六被迫批准了《人權宣言》。《人權宣言》的主要內容：在權力上人生來是自由平等的；自由、財產安全和反抗壓迫都是不可剝奪的天賦人權；法律面前，人人平等；私有財產神聖不可侵犯。

法蘭西第一共和國

1792年8月10日，巴黎人民舉行起義，推翻國王。9月21日，新選出的國民公會正式開幕，宣佈廢除王政。9月22日，國民公正會正式宣佈建立共和國。史稱法蘭西第一共和國。它是法國歷史上的第一個資產階級共和國。其間政治鬥爭激烈，先後頒布《1793年憲法》、《1795年憲法》、《1799年憲法》。霧月十八日政變後已名存實亡。1804年5月拿破侖·波那巴稱帝。共和國被法蘭西第一帝國取代。

吉倫特派

法國大革命中代表工商業資產階級的政治派別。1792年8月10日起義之後，以吉倫特派成員為主組成臨時政府。吉倫特派執掌政權。

吉倫特派主張廢除君主制，建立共和國，但認為法國革命應當止步，恢復秩序。該派掌權期間與雅各賓派在議會內外激烈鬥爭。1793年5月31日至6月2日，雅各賓派領導巴黎群眾起義，結束了吉倫特派統治。熱月政變後，該派殘餘勢力構成熱月黨的骨幹。

雅各賓派

18世紀法國大革命期間，巴黎雅各賓修道院裡，聚集著一批具有民主主義思想的進步人士，他們在這裡進行革命的輿論宣傳和組織策劃工作。人們稱為「雅各賓派」。

馬拉

馬拉（1743—1793年）法國政治家、醫生，法國大革命時期民主派革命家。1789年大革命爆發後，馬拉即投入戰鬥。他創辦《人民之友》報（初稱《巴黎政論家》），被譽為「人民之友」。馬拉是科德利埃俱樂部和雅各賓俱樂部的重要成員。在1792年8月10日當選為國民公會代表。1793年6月雅各賓派取得政權之後，馬拉強調要建立革命專政，用暴力確立自由。1793年7月13日馬拉在巴黎寓所被刺殺。7月16日，巴黎人民為馬拉舉行了莊嚴的葬禮。國民公會決定給他以進「先賢祠」的榮譽。

熱月政變

法國大革命期間發生的顛覆雅各賓專政的政變。1794年6月羅伯斯庇爾促使國民議會通過牧月法令，簡化審判程序，更多的人被送上斷頭台。熱月8日（1794年7月26日）他在國民公會發言指控他的敵手。熱月9日，國民議會議通過了逮捕羅伯斯庇爾及雅各賓派的中堅分子聖鞠斯特、古東等人的決議。次日下午，羅伯斯

庇爾等人被送上斷頭台。至此,雅各賓專政結束,熱月
黨人統治開始。

法蘭西第一帝國

　　1799年11月,拿破侖發動霧月政變,建立執政府,
自任第一執政。由於實施正確政策,在他上任三四年的
時間裡為法國贏得了穩定和發展,軍事上的輝煌勝利,
更使他成為人們心中的英雄。1804年5月,元老院宣佈
拿破侖為法蘭西人民的世襲皇帝,號稱拿破侖一世,史
稱法蘭西第一帝國。1814年6月18日,拿破侖在滑鐵盧
被反法聯盟軍擊敗,拿破侖退位,法蘭西第一帝國結束。

海地革命

　　1790年—1804年,海地人民推翻法國殖民統治和解
放黑奴的武裝鬥爭。17世紀末,法國殖民者在海地島西
部建立殖民統治後,實行野蠻的奴隸制度,並歧視自由
有色人種,使階級矛盾和民族矛盾日趨尖銳。18世紀
末,在美國獨立戰爭和法國大革命影響下,海地革命形
勢成熟。1791年8月,黑人布克曼率領約200名奴隸在海

地角附近起義。1804年1月1日，海地正式獨立。海地革命戰爭的勝利，推動了拉丁美洲人民爭取獨立與自由的鬥爭。

巴西獨立

1807年，拿破侖大軍大舉入侵葡萄牙，葡萄牙王室逃到巴西，並加強了對巴西的直接統治。殖民地人民的負擔日益加重，人民的反抗情緒高漲。1821年，葡萄牙國王因葡萄牙爆發革命而回國，巴西的大種植主、大商人和上層保守分子擁戴葡萄牙國王若奧六世的兒子彼得羅為帝。1822年，彼得羅宣佈巴西獨立。

多洛雷斯呼聲

墨西哥獨立運動爆發的導火索。是獨立運動之父伊達爾戈在墨西哥發動的反西班牙革命。1810年9月16日拂曉前，墨西哥多洛雷斯小鎮年近60的牧師伊達爾哥帶領起義者，釋放了監獄中的囚犯，逮捕了城內所有的西班牙人。群眾高呼：「獨立萬歲！打倒壞政府！」這就是墨西哥史上著名的「多洛雷斯呼聲」它標誌著墨西哥獨立運動的開始。於1813年宣佈墨西哥獨立，建立共和國。

阿根廷獨立日

　　阿根廷在16世紀中葉淪為西班牙殖民地。1810年5月25爆發反對西班牙統治的「五月革命」。1816年7月9日宣告獨立。這一天後定為獨立紀念日。

　　首都布宜諾斯艾利斯的7月9日大街，就是為紀念1816年7月9日阿根廷獨立而惠戎的。街寬130米，兩旁排開全城最豪華大商號，大銀行、大旅館和外國公司辦事處。此街辟有8條行車道，中軸線鋪了草坪，猶如空曠的飛機場。1980年為了紀念建城400週年，又在街心築了72米高的獨立紀念碑。這方錐狀石碑高聳入雲，碑體綴滿霓虹燈和廣告，使7月9日大街更為充實調和了。

大哥倫比亞共和國

　　1819年8月，玻利瓦爾率領的愛國軍在波亞卡戰役中擊敗西班牙殖民軍，解放了波哥大。於是，新格拉納達和委內瑞拉的大部分地區已獲解放。玻利瓦爾在徵得新格拉納達愛國軍民的同意後，於同年12月在安戈斯圖拉召開的委內瑞拉國會中建議委內瑞拉同新格拉納達聯合組成一個統一國家。12月17日國會通過決議，正式成

立聯合這兩個地區的哥倫比亞共和國。組成大哥倫比亞共和國。

阿亞庫喬戰役

阿亞庫喬戰役是拉丁美洲獨立戰爭中一次重要的戰役。1824年12月9日，由蘇克雷率領的起義軍與西班牙殖民統治軍在秘魯南部阿亞庫喬附近平原上發生激戰。蘇克雷採用將敵人分割切斷、用騎兵中間突破的戰術，打亂敵軍陣線，擊潰了敵軍，俘虜了包括殖民總督在內的14名將軍及數千官兵，從而迫使敵軍投降，承認秘魯獨立。這是反對西班牙殖民軍的第一次關鍵性的勝利。

玻利維亞獨立

1809年，玻利維亞人民發動了武裝起義，這是南美洲人民為自由而拿起武器進行鬥爭的開始。同年，拉巴斯的一部分居民也發動起義。但兩地的起義隊伍很快被西班牙軍隊擊潰。1824年，蘇克雷在阿亞庫喬戰勝西班牙軍隊，民族解放戰爭迎來轉機。蘇克雷率領哥倫比亞軍隊進入玻利維亞，同玻利維亞人民共同作戰，於1825年推翻了西班牙的殖民統治。不久，玻利維亞宣佈獨立。

古巴獨立戰爭

1868年—1898年，古巴人民反對西班牙殖民統治、爭取民族獨立的革命戰爭。亦稱古巴三十年解放戰爭。先後經過第一次獨立戰爭和第二次獨立戰爭。第一次獨立戰爭（1868年—1878年）1868年9月，西班牙爆發革命，女王伊莎貝拉二世被推翻，古巴人民乘機掀起爭取獨立的鬥爭。起義軍接連受挫，1878年2月同坎波斯簽訂《桑洪條約》，第一次獨立戰爭失敗。第二次獨立戰爭（1895—1898年）1895年2月24日，聖地亞哥、巴亞莫等地爆發起義，點燃了第二次獨立戰爭的烈火。1896年12月7日，馬塞奧·格拉哈萊斯陣亡。起義軍在戈麥斯·巴埃斯領導下堅持游擊戰，最終取得反「圍剿」的勝利。1902年5月，古巴正式獨立。

巴拿馬運河

巴拿馬運河是由美國建成的，自1914年通航至1979年間一直由美國獨自掌控。不過，在1979年運河的控制權轉交給巴拿馬運河委員會，並於1999年12月31日正式將全部控制權交給巴拿馬。運河的經營管理交由巴拿馬

運河管理局負責，而管理局只向巴拿馬政府負責。多少年來，帝國主義一直試圖控制拉美國家，包括這些國家的主權領土、能源、交通等。處在這一地區的巴拿馬共和國曾經就是一個受到擴張、侵佔的國家，巴拿馬人民在歷史上總是陷入複雜的國際角逐，巴拿馬運河就是最好見證。

◆ 19世紀的歐、美

法國二月革命

1848年法國爆發的資產階級民主革命。1848年2月，巴黎人民起義推翻七月王朝，資產階級奪取政權，建立臨時政府，成立法蘭西第二共和國（史稱「法國二月革命」）。6月，巴黎工人階級為抗議政府的反動政策，舉行起義，但被鎮壓，革命轉入低潮（詳見「六月起義」）。同年12月，路易‧波拿巴當選共和國總統。1851年12月，他發動政變，獨攬大權，次年稱帝，號為「拿破崙三世」，法蘭西第二共和國被法蘭西第二帝國取代。

路易・波拿巴政變

　　1848年2月路易・波拿巴當選為法蘭西第二共和國總統,就職後任命代表君主主義勢力的秩序黨組閣,在1849年5月舉行的議會選舉中,秩序黨大獲全勝。復辟君主制的時機成熟。但由於秩序黨中擁護波旁王朝的正統派和擁護七月王朝的奧爾良派互相爭權奪勢,遭到人民反對。

　　路易・波拿巴利用這一形勢以及資產階級希望結束政局動盪和建立強有力政府的願望,決定發動政變。1851年12月1—2日,路易・波拿巴調集7萬多軍隊進入巴黎,宣佈解散議會,逮捕秩序黨分子及一切反對他的議員。共和派在各地舉行反抗政變的示威,遭鎮壓。12—14日舉行全民投票,結果多數票贊成改變。

　　1852年1月頒布新憲法,總統任期由4年改為10年。1852年11月,他就恢復帝制問題舉行公民投票,得到多數人的贊同。12月2日是拿破侖舉行加冕禮48週年的紀念日,路易・波拿巴正式宣佈法蘭西第二帝國成立。因其是拿破侖侄子,自稱拿破侖三世。

《巴黎和約》

　　俄國和英國、法國、奧斯曼土耳其帝國、撒丁、奧地利、普魯士於1856年3月30日在巴黎簽訂。主要內容是：1、俄國將卡爾斯城及其佔領的奧斯曼帝國其他領土歸還土耳其，法、英、撒丁將佔領的塞瓦斯托波爾、巴拉克拉瓦等克里木城市歸還俄國。2、承認奧斯曼帝國與歐洲列強同盟有共同利益，各國尊重其獨立和完整。3、宣佈黑海中立，黑海各港口和水域對所有國家的商船開放，禁止各國軍艦航行，俄土均不得在黑海沿岸設置兵工廠。4、多瑙河在國際委員會監督下實行自由通行和免稅。5、俄國讓出比薩拉比亞南部，使其併入摩爾多瓦公國。6、瓦拉幾亞、摩爾多瓦和塞爾維亞諸公國仍處於土耳其政府宗主權之下。

　　該和約削弱了俄國在歐洲和中東的勢力，增強了法國在歐洲大陸和英國在中東的地位，使土耳其處於受歐洲列強擺佈的地位。

第一國際

　　1864年建立的國際工人聯合組織。即國際工人協會。第二國際成立後，始稱第一國際。馬克思是創始人

之一和實際上的領袖。它是在19世紀50年代末、60年代初歐洲工人運動和民主運動重新高漲的形勢下產生的。反壓迫反剝削的鬥爭實踐使各國無產階級認識到，以往分散的鬥爭常常使他們遭到同樣的失敗，無產階級必須在國際範圍內聯合起來，用無產階級的國際團結去對抗資產階級的國際聯合。

巴黎公社

1871年3月18日，巴黎工人舉行起義，控制了巴黎。經選舉後，28日巴黎公社宣告成立，公社委員中多為無產階級和小資產階級代表。

公社實行了一系列革命措施，打碎了資產階級軍事官僚機器，建立了以無產階級民主集中制原則為基礎的新型國家政權。但公社因歷史局限，出現嚴重失誤。

5月21日逃到凡爾賽的資產階級政府調集大軍，在德國軍隊幫助下攻入巴黎，經過一周血戰，28日公社失敗。馬克思、恩格斯、列寧對巴黎公社的革命經驗都做過深刻總結，提出了一系列建立無產階級政權的重要原則。

梯也爾

1823—1827年間，梯也爾寫了《法國革命史》（十卷）並獲得成功。七月王朝時期，他歷任國家參事、財政部秘書、內政大臣和農業、工商業大臣。1871年2月，他被國民議會任命為法蘭西第三共和國行政首腦，殘酷鎮壓了巴黎公社起義。同年8月他當選為共和國總統。1873年辭職，退休後著有《執政府和第一帝國時代的歷史》等。

法國工人黨

法國最早的馬克思主義政黨。領導人有蓋德、拉法格、德維爾等，又稱蓋德派。1879年10月成立，1880年蓋德、拉法格共同制訂並在勒阿弗爾黨代表大會上通過黨的綱領，綱領的理論部分由馬克思口授。1882年9月，以蓋德為首的蓋德派與以布魯斯為首的可能派公開分裂，可能派改名為法國社會主義工人聯合會。蓋德派保留工人黨的名稱。1901年，工人黨與布朗基派等組成法蘭西社會黨。1905年又與法國社會黨合併為統一社會黨，即工人國際法國支部。

英國憲章運動

1836年倫敦工人協會成立。次年6月，協會擬定一個爭取普選權的綱領性文件，並於1838年5月8日以《人民憲章》名稱發表，憲章運動由此得名。憲章擁護者在全國各地集會、遊行，要求實現憲章。1839年運動進入第一次高潮。2月4日，全國的憲章派在倫敦召開第一屆代表大會，並通過致議會請願書。1842年的經濟危機促使第二次憲章運動高潮的到來。2月憲章派向議會遞交新請願書。除要求普選權外，還提出廢除新濟貧法，限制工時和實行政教分離等要求。1848年出現第三次高潮。這3次運動都被政府鎮壓。1848年後，運動逐漸衰落。

倫敦工人協會

英國憲章運動前期的工人組織，1836年3月16日在倫敦成立。主要成員為手工業者和工人，領導人為洛維特。協會利用集會、請願和印發演說詞來宣傳自己的主張。旨在「以各種各樣手段使社會上一切階層獲得平等的政治權利和社會權利」。1837年6月，倫敦工人協會起草了《人民憲章》，成為憲章運動的綱領。

《共產黨宣言》

馬克思和恩格斯為共產主義者同盟起草的綱領。1848年2月,《宣言》在倫敦第一次以單行本問世。《宣言》第一次全面系統地闡述了科學社會主義理論,指出共產主義運動已成為不可抗拒的歷史潮流。構成《宣言》核心的基本原理是:每一歷史時代主要的生產方式與交換方式以及必然由此產生的社會結構,是該時代政治的和精神的歷史所賴以確立的基礎,並且只有從這一基礎出發,歷史才能得到說明。從原始社會解體以來人類社會的全部歷史都是階級鬥爭的歷史;這個歷史包括一系列發展階段,現在已經達到這樣一個階段,即無產階級如果不同時使整個社會擺脫任何剝削、壓迫以及階級劃分和階級鬥爭,就不能使自己從資產階級的剝削統治下解放出來。

三國協約

英國、法國、俄國為對抗三國同盟,通過1904年—1907年簽訂一系列協議而結成的一個帝國主義集團。1904年4月8日,英國和法國簽訂一項瓜分殖民地的

協約。1907年8月31日，俄國和英國簽訂了分割殖民地的協定。英、法協約和英、俄協約，加上法俄同盟，組成了三國協約或協約國。三國協約與三國同盟雙方瘋狂地進行擴軍備戰，終於導致第一次世界大戰的爆發。1918年德國投降後，美、英、法、日等帝國主義國家，曾以協約國的名義，3次向蘇俄發動武裝干涉。

德國1848年革命

德意志1848年革命前夕，德意志是一個四分五裂的聯邦國家，分裂狀態嚴重地阻礙著資本主義的發展。3月13—16日，普魯士首都柏林的工人、市民和大學生連續舉行示威遊行，並同政府軍展開戰鬥。經過激烈的戰鬥，起義人民取得了勝利。1849年3月，國民議會通過帝國憲法，確定某些自由、民主權利，選舉普魯士國王腓特烈‧威廉四世為統一的德意志帝國皇帝。

但威廉拒絕加冕，普魯士和奧地利各邦君主也不接受國民議會通過的憲法。5月，德意志西南各邦人民發動起義，掀起維護帝國憲法的鬥爭，結果失敗。這期間，大多數議員被各自的邦政府召回，剩下的議員遷到斯圖加特，最後於6月18日被符騰堡的軍隊驅散。7月，法蘭克福國民議會瓦解，德國1848年革命結束。

普法戰爭

　　1870－1871年法國與普魯士之間的戰爭。1870年7月19日，法皇拿破侖三世對普宣戰。戰爭開始後，法軍連遭失敗。9月2日，拿破侖三世在色當投降。4日，巴黎發生革命，推翻第二帝國，宣佈共和，成立國防政府。不久普軍長驅直入，包圍巴黎。

　　1871年1月，普魯士國王威廉一世在凡爾賽宮宣佈成立德意志帝國。1月28日，法德簽訂停戰協定。5月10日，雙方正式簽訂《法蘭克福和約》。戰爭以法國戰敗而告結束。

三國同盟

　　1881年法國從阿爾及利亞侵入突尼斯，並把它變成自己的保護國。義大利早已覬覦突尼斯，但苦於實力不足，不能單獨對抗法國，便投靠德、奧。

　　經過談判，1882年5月20日，德、奧、義3國在維也納簽訂同盟條約。條約主要內容：1、如義大利遭到法國進攻，德、奧兩國應全力援助，如德國遭受法國侵略，義大利也擔負同樣的義務。2、締約國的一國或兩

國遭受兩個或兩個以上的大國（指法、俄）進攻，則締約3國應協同作戰。義大利對此附有一個保留條件：如英國攻擊德國或奧匈，義大利將不負援助自己盟國的義務。3、當一大國（指俄國）攻擊締約國一方時，其他兩締約國應取善意的中立，即一旦發生俄、奧戰爭，義大利將保守中立。

三國同盟的締結標誌著歐洲列強兩大對峙軍事集團的一方初告形成。

馬可尼發明無線電報

馬可尼是義大利著名的發明家，1874年生於波洛尼亞的地主家庭，早期就讀於波洛尼亞大學。畢業後從事有關無線電報的研究工作。1896年，馬可尼發明無線電報，此年在英國申請到此項發明的專利權。1897年，建立馬可尼無線電報有限公司，自己兼任董事長。1903年，英國、義大利、加拿大、美國、德國、日本、比利時等國，都普遍裝備了馬可尼的無線電報裝置。馬可尼是無線電報的偉大發明者。於1909年獲得諾貝爾物理學獎。

門捷列夫的「元素週期律」

　　元素週期律的發現者門捷列夫（1834—1907年）是俄國化學家、教育家。1855年畢業於聖彼得堡中央師範學院，1859年—1861年被送往德國深造，回國後任彼得堡工業學院和彼得堡大學教授。1869年，他發現了後來為自然科學基本定律的化學元素週期律，並據此遇見了12種尚未發現的元素。1868年—1870年，他寫成《化學原理》一書，最先用週期率的觀點系統的闡明了無機化學的基本原理。

諾貝爾和「諾貝爾獎」

　　諾貝爾生於1833年，瑞典化學家、工程師和實業家，諾貝爾獎的創立人。諾貝爾獎頒發給在物理學，化學，生理學或醫學，文學，和平，五個領域中成就最突出的人。諾貝爾因炸藥的製造和巴庫油田的開發而得到了一筆巨額財產。諾貝爾留下900萬美元的基金。他在遺囑中寫道，要用這筆基金的利息每年以獎金形式分發給那些在前一年中對人類作出重大貢獻的人，獎金分為五等分。分別獎給物理、化學、生理或醫學、文學和和

平領域中作出傑出貢獻的人，1969年諾貝爾基金會又增強了經濟獎。諾貝爾物理學獎和化學獎由瑞典皇家科學院授予，生理學或醫學獎由斯德哥爾摩加羅琳研究院授予，文學獎由斯德哥爾摩研究院授予，和平獎由挪威議會推選出的一個五人委員會授予。

西進運動

　　18世紀末至19世紀末的美國西進運動是美國國內的一次大規模移民拓殖運動，是美國人對西部的開發過程，也是美國城市化、工業化和美利堅民族大融合的過程。這場西進運動對美國的經濟、政治和社會都產生了重大而深遠的影響。西進運動徹底改變了美國的面貌：大片荒地被開墾出來，大批的資本主義農場建立起來，西部農業的發展為工業的發展提供了大量的糧食、原料、出口產品和國內市場；使美國的勞動力佈局有所改變；促進了國內統一大市場的形成，東西部互補性貿易迅速發展；西部資源的開發和利用還滿足了工業發展的需要，交通運輸業也飛速發展……美國的西進運動激發了美國人的創造力和經濟活力，提高了美國的綜合國力和國際地位，對美國整個國民經濟的起飛具有重要的意義。

美墨戰爭

　　1845年美國煽動墨西哥得克薩斯地區的種植園主叛亂，併入美國。墨西哥出兵鎮壓，美國派兵佔領得克薩斯，並攻入墨西哥，1846年美國對墨宣戰。1847年美軍攻入墨西哥城，墨西哥被迫和談，1848年1月雙方開始和談。2月2日雙方簽訂和約，墨西哥割讓得克薩斯、新墨西哥、上加利福尼亞。1848年6月12日，美軍撤出墨西哥城，戰爭結束。美國通過這場規模不算很大的戰爭奪取了230萬平方公里的土地，一躍成為地跨大西洋和太平洋的大國，世所罕見。墨西哥喪失了大半國土，元氣大傷。美國從此獲得在美洲的主宰地位。

南北戰爭

　　美國南北戰爭亦稱「美國內戰」（1861—1865年）。美國北部諸州同南部發動叛亂的各奴隸制州之間的戰爭，是資本主義北部同奴隸制南部之間對抗性矛盾激化的結果。1860年，奴隸制度的反對派共和黨候選人林肯當選為美國總統，成為戰爭爆發的導火索。1861年2月，「南部同盟」成立，美國有11個州參加。1861年4月，

「南部同盟」軍發動叛亂，佔領南部許多要塞和儲有大量武器、彈藥的軍械庫。1861年7月，南北兩軍在布爾蘭河畔的馬納薩斯首次展開了大規模交戰，北軍戰敗，華盛頓幾乎陷落。1862年6月，北軍在里士滿東與南軍的一次交戰中再次戰敗。林肯政府於1862年實行了一些革命性的措施。1863年，北軍反攻，9月戰爭以北方勝利告終。這場戰爭推翻了黑奴制度，為美國資本主義的進一步發展掃清了道路。

美西戰爭

1898年，美國為奪取西班牙屬地古巴、波多黎各和菲律賓而發動的戰爭，是列強重新瓜分殖民地的第一次帝國主義戰爭。1898年2月15日，美國派往古巴護僑的軍艦「緬因」號在哈瓦那港爆炸，美國遂以此事件為藉口，於4月22日對西班牙採取軍事行動。

7月25日，美陸軍部長邁爾斯率領的遠征軍在波多黎各登陸。西政府求和。12月10日，雙方於巴黎簽訂和約。和約規定：西班牙承認古巴獨立，將波多黎各、關島和菲律賓轉讓美國；美國為獲得菲律賓向西班牙交付2000萬美元作為抵償。這次戰爭，成為世界開始進入帝國主義時代的主要標誌之一。

門戶開放政策

19世紀末美國政府提出的對華政策。1899年美國國務卿海約翰向英、法、俄、德、日、義六國提出「門戶開放」的照會。內容是：美國承認各國在中國的勢力範圍；要求在其他國的租借地和勢力範圍內享有均等的貿易機會。六國先後表示同意。從此，美國在中國的侵略勢力逐步擴大。

大棒政策

美國總統羅斯福提出的武力威脅及戰爭訛詐的外交政策。他曾在一次演說中援引了一句非洲諺語：手持大棒口如蜜，走遍天涯不著急，來說明他任內的外交政策，後發展成所謂大棒加胡蘿蔔政策。

在大棒政策的指導下，美國憑藉武力，多次公開干涉拉丁美洲國家的內政。1903年，羅斯福參與策劃並出動海軍支持巴拿馬政變。1904年，美國又出動軍艦，迫使多米尼加共和國將一切關稅交給美國管理。美國推行大棒政策的地區，並不限於拉丁美洲。在解決阿拉斯加與加拿大的邊界糾紛中，美國也對英國和加拿大施加壓

力。1904年，一名美國公民在摩洛哥被捕，美國政府立即出動軍艦，並發出最後通牒，迫使摩洛哥釋放被捕者。

◆ 17—19世紀的亞洲

太鹽平八郎起義

19世紀30年代，大富豪勾結幕府官吏任意抬高米價和物價，城市居民無法生活下去。太鹽平八郎目睹平民的殘酷遭遇，不勝悲憤。1837年，他帶領大阪的手工業者、小商人和下級武士舉行起義。起義者搗毀米店，放火焚燒豪商邸宅，聲勢浩大的起義震動了大阪全城。起義雖然很快就被鎮壓下去，但在它的推動下，攝津、越後、周防等地相繼爆發了同樣的革命。

伏見、鳥羽之戰

1868年1月初，倒幕派軍隊發動政變，宣佈廢除幕府將軍制，成立以天皇為首的新政府。幕府將軍德川慶喜於1月底親率大軍從大阪出發，攻進京都，與新政府

軍在京都西南的伏見、鳥羽發生激戰。最後新政府軍以少勝多，德川慶喜被迫投降。革命勝利後，新政府於同年7月改江戶為東京，確立為首都，定年號明治，開始了明治維新。

明治維新

日本從封建社會進入資本主義社會的資產階級改革運動。19世紀中期，由於外國勢力的入侵，日本封建統治出現危機。西南各藩下級武士發動擁護天皇、驅逐洋人的「尊王攘夷」運動，不久發展成為要求推翻江戶幕府的「倒幕」運動。1867年倒幕派以天皇名義迫使將軍交權，建立新政府。1868年幕府制度被推翻後，天皇改年號為明治。此後，以明治天皇為首的新政府廢除封建制度，發展經濟，建立新軍，並於1889年頒布《明治憲法》，使日本逐步走上資本主義道路。

日本侵入琉球、朝鮮

明治維新以後，日本開始走向對外侵略的道路。1872年，日本把琉球國王綁架到東京，強迫琉球國王宣

佈他是日本的琉球藩王。1871年，琉球船隻在台灣海岸
遇難，日本便以此為藉口，於1874年發動侵略中國領土
台灣的戰爭。1875年，日本入侵朝鮮的江華島。1876
年，日本強迫朝鮮訂立《江華條約》。從此，日本侵略
勢力伸入朝鮮。1879年，日本正式吞併琉球，將其改為
沖繩縣。

日俄戰爭

　　日本和俄國為爭奪中國東北和朝鮮進行的帝國主義
戰爭。1904年2月8日，日本艦隊偷襲駐在中國旅順的俄
國艦隊，戰爭爆發。次年1月，日軍攻陷旅順。此後又
在陸戰、海戰中接連擊敗俄軍。經美國調停，兩國於9
月簽訂《樸次茅斯和約》，俄國被迫讓出遼東半島，並
承認日本對朝鮮的特權。

《朝日修好條規》

　　日本自明治維新後，蓄意侵略朝鮮。1875年9月，
日艦在江華島海面製造事端，被朝鮮海防士兵擊退。日
艦遂對島上的草芝鎮炮台和永宗島連續發動進攻，燒殺

劫掠後退去，史稱雲揚號事件。翌年1月，日本派兵開赴江華島，脅迫朝鮮於2月28日同日本簽訂《朝日修好條規》。該約共12條，主要內容是：朝鮮除釜山外，另開放元山、仁川兩口岸；准許日本在開放口岸往來經商、租借地面、修築或租用房屋；准許日人在朝鮮測量水域並繪製圖志；兩國官員不得干涉兩國商民的自由貿易；日本除航稅外，暫不繳納一切關稅；日本在漢城設公使館，在各開放口岸派駐領事；日本在朝鮮享有領事裁判權等。《江華條約》是朝鮮同資本主義國家簽訂的第一個不平等條約。條約嚴重危害朝鮮的主權。從此，朝鮮逐步淪為日本的殖民地。

壬午兵變

《江華條約》簽訂後，日本對朝鮮的侵略日甚，社會動盪不安。1881年，政府成立了一支新式軍隊——別技軍，而原有的軍隊處處受到歧視，甚至拖延13個月不發薪餉。憤怒的漢城士兵在柳春萬、金長孫等人的帶領下，於1882年7月23日發動起義。起義很快發展到仁川一帶。日本公使花房義質焚燬使館逃回日本。8月中旬，日本以兵變時使館被襲為由，派4艘軍艦和1500名士兵侵入仁川。同時，清朝政府派北洋水師3艘軍艦及水陸

1000餘名士兵開赴朝鮮。8月26日，逮捕大院君，29日，起義被鎮壓。

法國入侵越南

早在17世紀初，法國殖民主義者就派遣傳教士和商人來到越南。19世紀40年代，法國開始侵犯土倫、西貢、嘉定等地。1862年，越法兩國簽署了《第一次西貢條約》。1883年，法國進軍順化，迫使當地的越南統治集團阮氏王朝簽訂《順化條約》。該條約規定：法國對越南有保護權，越南一切外交事務都由法國控制。次年6月，法國又與阮氏王朝簽訂《巴德諾條約》，確定了法國對越南的保護權。至此，越南全部被法國吞併，成為法國的殖民地。

◆ 17—19世紀的非洲

蒙巴薩反抗葡萄牙

16世紀初，葡萄牙用極其野蠻的手段征服了東非沿岸城市。1631年，蒙巴薩素丹帶頭起來反抗葡萄牙的殘

暴統治。他率領部隊殺死了葡萄牙殖民行政長官。奔巴島和東非沿岸其他城鎮，相繼相應。經過反覆鬥爭，1698年，葡萄牙終於被趕出蒙巴薩，次年又從魯伍馬河以北完全撤出，龜縮於莫桑比克。葡萄牙從此在非洲一蹶不振。

埃及穆罕默德·阿里改革

埃及人民戰勝法國侵略者後，1805年，地主商人穆罕默德·阿里奪得大權。他在執政期間，實行了一系列改革措施，主要有：改革土地制度，發展工業，建立新軍，改革文化教育。穆罕默德·阿里的改革，促進了生產力的巨大發展及阿拉伯文化的繁榮，培養了一批接受西方資產階級思想和科學技術的知識分子，加強了國家的統一，對埃及歷史產生了重大影響。

埃土戰爭

穆罕默德·阿里為了維護地主商人的權益，不斷發動對外擴張戰爭。1831年，埃及與奧斯曼發生衝突，埃及遂出兵敘利亞，佔領耶路撒冷、大馬士革等地，並向

小亞細亞推進，直逼君士坦丁堡。後沙俄出面干涉，雙方簽訂停戰條約。1839年，第二次埃土戰爭爆發，土軍渡過幼發拉底河，向敘利亞推進，打到了阿勒頗。6月初，埃及軍隊展開反攻，並在尼西布戰役中殲滅了土耳其軍隊的主力。7月4日，土耳其海軍投降。這時，英國等殖民國家出兵干涉，埃及屈服，並淪為歐洲列強的半殖民地。

利文斯頓在南非探險

1840年，利文斯頓受「倫敦傳教協會」的派遣，到南非傳教。他用了33年時間，先後四次深入南非，進行探險和考察。1854—1856年，他橫越南部非洲大陸，完成了從大西洋到印度洋的探險。在考察期間，他先後發表過《傳教旅行》、《贊比西河及其支流》等。利文斯頓的探險，揭開了「非洲心臟」的秘密，有助於世界對南非自然界和社會的瞭解。

賴比瑞亞獨立

美國為了擴張勢力，企圖在廢奴的旗號下，建立新的殖民地。1821年，「美國殖民協會」在今蒙羅維亞建

立美國黑人移民區。1824年，這個新的殖民地被稱為賴比瑞亞。1841年，黑人約瑟夫・羅伯茨開始領導黑人爭取獨立。

1847年7月，羅伯茨在蒙洛維亞召開人民大會，宣佈賴比瑞亞獨立，並以美國憲法為藍本制定了一部新憲法，規定賴比瑞亞為共和國。羅伯次當選為第一任總統。但是，美國拒絕承認賴比瑞亞獨立。直到1862年，林肯政府才予以承認。

衣索比亞西奧多二世改革

19世紀上半葉，衣索比亞處於分裂割據時代。出生於貴族家庭的卡薩逐漸統一了全國，並於1855年稱帝，是為西奧多二世。

西奧多二世上台後推行了旨在推動國家進步的改革。改革的主要內容有：削弱諸侯權利；休養生息，發展經濟；建立一支新式軍隊。西奧多二世的改革，觸動了封建主的利益，一些封建諸侯發動叛亂。英國乘機於1867年進攻衣索比亞，在馬格達拉平頂山一戰中，西奧多被困，自殺身亡。

南非重建

為了恢復金礦生產，英國政府與清政府於1904年簽訂《保工章程》，招募六萬多名華工去德蘭士瓦。1905年，南非的黃金生產水平超過戰前。在政治上，英國重提「聯邦」方案。

1908年召開了開普、納塔爾、德蘭士瓦和奧蘭治四個地區代表的國民會議，就「聯邦」問題達成了協議。會議決定，聯邦議會設在開普敦，行政首都設在比勒陀利亞，司法首都設在布隆方丹。

1909年，英國國會公佈了南非法案。1910年5月31日，南非聯邦正式宣告成立。

5. 現代時期

◆ 20世紀初的世界

第二次工業革命

　　1870年以後，科學技術的發展突飛猛進，各種新技術、新發明層出不窮，並被迅速應用於工業生產，大大促進了經濟的發展。這就是第二次工業革命。第二次工業革命以電力的廣泛應用為顯著特點。德國人西門子製成發電機，比利時人格拉姆發明電動機，電力開始用於帶動機器，成為補充和取代蒸汽動力的新能源。第二次工業革命的又一重大成就是內燃機的創製和使用。內燃機的發明解決了交通工具的發動機問題。1885年，德國人卡爾・本茨成功地製造了第一輛由內燃機驅動的汽車。內燃機車、遠洋輪船、飛機等也得到迅速發展。

　　第二次工業革命期間，電訊事業的發展尤為迅速。繼有線電報出現之後，電話、無線電報相繼問世，為快速地傳遞信息提供了方便。從此，世界各地的經濟、政治和文化聯繫進一步加強。

中產階級的出現

與早期工業革命不同，第二次工業革命後，社會上還出現了一個新階層——中間階級。這個階層同樣也是現代大工業發展的產物。隨著工業規模的擴大，現代企業需要越來越多的技術和管理人員，如工程師、經理、技師、大學教師、小商人、律師等等。他們都屬於中間階層。在整個工業社會裡，他們的地位和收入既不同於資本家，也不同於生產工人，而是居於兩者之間。因此被稱為「中產階級」。

帝國主義的發展

壟斷資本主義的經濟實質就是帝國主義。壟斷的產生，也就標誌著資本主義進入了新的階段——帝國主義階段。同自由資本主義不同，壟斷資本主義最重要的經濟和政治特點是要獲得最大限度的壟斷利潤。因此，壟斷必將導致資本輸出的擴大和對海外銷售市場及原料產地的控制，並因此引發資本主義國家之間的矛盾鬥爭。所以，19世紀末，主要資本主義國家之間掀起了瓜分殖民地的狂潮。

第一次摩洛哥危機

1904年4月英法簽訂三國協約，法國承諾不干涉英國在埃及的行動；英國則承認摩洛哥是法國的勢力範圍。但這侵犯了德國在摩洛哥的殖民利益。1905年2月，法國要求摩洛哥蘇丹在法國監督下進行「改革」，企圖使摩成為法國的「保護國」。德國立即抗衡並把摩洛哥問題提交國際會議討論。由於英、俄支持法國，會議結束時簽訂了有利於法國的條約。承認摩洛哥獨立，但又承認法國和西班牙對摩洛哥的警察控制權。

墨西哥資產階級革命爆發

1910年11月，墨西哥農民領袖薩帕塔和比利亞在莫雷洛斯州和奇瓦瓦州舉行起義。墨西哥資產階級革命爆發了。1911年5月，比利亞農民軍佔領胡亞雷斯城。薩帕塔農民軍佔領庫實特拉。革命運動很快席捲全國。1914年4月，美國進行武裝干涉，遭到革命軍隊的堅決反擊。1916年底，起義者召開制憲會議，次年2月5日通過新憲法。

第二次摩洛哥危機

　　阿爾赫西拉斯會議後，法國加緊了對摩洛哥的控制。1907年3月，法國佔領東摩洛哥的烏季達；5月又在卡薩布蘭卡強行登陸。1911年5月，法國以保護僑民為由，佔領非斯及其他城市。同月，德國向法國要求分割一部分法屬非洲殖民地給德國作為補償。7月1日，又藉口保護德國商人的生命財產，派遣炮艦「豹」號開往摩洛哥大西洋岸的港口阿加迪爾。德國被迫退讓並達成協議，德國承認摩洛哥受法國保護，法國則給予德國一部分法屬剛果領土作為補償。1912年3月法、摩簽訂《非斯條約》，摩洛哥淪為法國的保護國。

義土戰爭

　　1911年9月28日，在第二次摩洛哥危機最緊張的時刻，義大利突然向土耳其發出最後通牒，要求土耳其割讓黎波里和昔蘭尼加。遭到拒絕後，義大利便對土耳其開戰。義大利很快佔領了黎波里和沿海地帶，但接下來的進攻遭到當地人的堅決抵抗。戰爭一直延續到1912年才結束。1912年10月18日，土耳其和義大利簽署了《義

土和約》，土耳其被迫將黎波里和昔蘭尼加割讓給義大利。這一地區成了義大利新的殖民區——利比亞。

第一次巴爾幹戰爭

保加利亞、塞爾維亞、希臘和門的內哥羅所組成的「巴爾幹同盟」，反對土耳其的控制和壓迫所進行的戰爭。盟國由於向土耳其提出給予馬其頓和色雷斯自治權的要求遭到拒絕，在俄國支持下於1912年10月9日對土耳其宣戰。盟軍為民族解放而戰，士氣旺盛。經過激戰，土耳其被迫請求歐洲列強進行和平調處。1913年5月30日簽訂了《倫敦和約》，戰爭宣告結束。戰敗國土耳其喪失了在歐洲的大部領土。

「鐵達尼號」沉沒

「鐵達尼號」船體底部特別的雙層設計，再加上彼此分割的16個水密艙，使得「鐵達尼號」在當時被認為是永不沉沒的。1912年4月14日的午夜，正航行在紐芬蘭外海冰山出沒地區，以全速前進的「鐵達尼號」，右舷突然撞上了一座冰山。在船上的2224名乘客中，有

1513位喪生。在凌晨4點鐘左右被「喀爾帕西亞號」郵輪救起的倖存者描述了當時船上奮勇救人和混亂求生交織的難忘情形。

工人運動的完善化

20世紀初期的現代化大工業不僅需要大量的資本投入，同時也需要大量的勞動力，這就造就了一支強大的產業工人大軍。他們通過工會來爭取自己的經濟收益權，還建立了代表工人利益的政黨組織。經濟條件得到逐步改善的工人，更傾向於通過勞資談判和政治來實現自己的意志。不過，這時的工人階級中，也存在著日益擴大的內部分歧。工人中開始存在激進與溫和這兩種力量。

普選權的響應

在資產階級完善政治體制的同時，社會普通階層也在為實現自己的政治利益而奮鬥著，爭取公民選舉權已經成為人們追求的目標。面對工人階級和中產階級的強烈要求，資產階級不得不開始開放普選權。19世紀70年

代以前，只有法國、德國、瑞士等國規定了成年男子的普選權，到20世紀初，普選權已經在歐美各國普遍確立起來了。

社會保障制度的誕生

19世紀末20世紀初，歐美國家的社會領域發生了較大的變化。這種變化首先是從德國開始產生的。由於工業化地快速發展，德國工人貧困化和生產條件惡化的情況非常嚴重，因此要求改善工人條件的呼聲特別強烈。針對這種情況，德國政府從1881年到1889年連續頒布了三項關於對工人實施社會保障的立法。這是歐美資本主義國家最早的關於社會保險的立法。

現代公用事業的發展

1914年前，歐美各國已經在大城市裡普遍建立了新型的公用事業網，包括公共衛生設施、自來水、煤氣、電力供應、交通運輸、醫院、商場、職業介紹所、博物館、學校、圖書館、公園等等。同時，不少國家都規定了義務教育，還對各類學校直接給予財政支持。

議會代議制的普遍確立

19世紀末20世紀初，英國經過幾次議會改革，最先建立了現代化的議會制度。此後，無論是在實行共和政體的美國、法國，還是實行君主立憲制的英國、低地（荷蘭、比利時、盧森堡等）以及斯堪的納維亞國家，議會（或國會）都已經成為其國內政治的重要基礎。

現代政黨制度的興起和建立

政黨體系是除政府體系和議會制度外支撐現代資產階級政治的另一根支柱。它直接資產階級各派別、集團的政治利益，也直接決定議會和政府的組成。

19世紀60年代以後，在英國，保守黨和自由黨逐漸建立起全國性的組織系統，而美國在內戰後也最終形成了共和黨和民主黨輪流執政的局面。這樣，英美首先確立了一種兩黨制的現代政黨體系。

美國金元外交

　　1912年，美國總統塔夫脫宣稱他的對外政策是以
「金元代替槍彈」，故名。其實質是：美國政府同美國
壟斷資本公開結合。通過附有奴役性條件的貸款和投資
方式輸出資本，以控制其他國家的經濟和政治。當時其
推行對像主要是拉丁美洲。「一戰」後，美國實力大
增。這一政策又擴大到東亞和歐洲。

◆ 第一次世界大戰

薩拉熱窩事件

　　1914年6月，奧匈帝國的軍隊在波斯尼亞首府薩拉
熱窩附近舉行軍事演習，目的在於壓制當地的民族解放
運動，向塞爾維亞示威。奧匈帝國皇儲斐迪南大公出席
檢閱。6月28日，斐迪南夫婦的車隊在街頭遭到青年學
生普林西普的槍擊，雙雙斃命。這次事件成為第一次世
界大戰的導火線。

第一次世界大戰的爆發

　　1914年6月28日，奧匈帝國皇儲斐迪南同他的妻子來到薩拉熱窩進行正式訪問。在訪問途中遭到暗殺。謀刺斐迪南事件給德、奧提供了一個發動戰爭、吞併塞爾維亞的藉口。7月23日晚，奧匈帝國向塞爾維亞發出最後通牒。5天以後，奧賽正式宣戰。8月1日，德國對俄國宣戰；3日，德國又對法國宣戰。英國隨即也宣佈參戰。隨著薩拉熱窩事件這個導火線的點燃，巴爾幹就像火藥庫一樣爆炸，人類歷史上空前絕後的第一次世界大戰就此爆發。

馬恩河戰役

　　1914年8月，德軍主力按照計劃穿過比利時，插入法國北部，向巴黎迅速逼近。法國政府撤出巴黎後，英法軍隊於9月5日大舉反攻，與德軍在馬恩河展開了激烈的會戰，雙方投入兵力約200萬人，9月11日，德軍全線退卻。這次戰役使巴黎的形式得以扭轉，德軍地迅速推進被抑制，德國六周打敗法國的計劃也宣佈破產，陷入了東西兩線同時作戰的境地。

塞爾維亞抗擊奧匈帝國

南線是塞爾維亞對奧匈的戰場。1914年8月13日，奧匈軍隊越過德里納河開始入侵塞爾維亞。塞爾維亞雖然人口不多，但經過動員，招募到了40萬人。僅經過4天的戰鬥，塞爾維亞軍隊便將奧匈軍隊逐回德里納河對岸。隨後，奧軍又發動了兩次進攻，在11月17日佔領貝爾格萊德。但不過一個月，塞軍便收復回來。奧軍在巴爾幹半島上損失了28萬多人。從那時起，直到1915年10月近一年的時間裡，巴爾幹基本保持著寂靜的狀態。

德軍的毒氣戰

1915年4月22日，德軍在西線戰場首次使用毒瓦斯。在比利時依普爾運河戰線上的德軍順著風向釋放毒瓦斯。這次毒氣進攻是在6千米長的戰線上進行的。頃刻間，身處最前列戰壕中的法國戰士就看見濃烈的黃煙從德軍的戰場上升騰而起，並緩慢地向法軍陣地飄移。煙霧在法軍陣地上造成毀滅性的後果。許多士兵當場喪生，部分雖然逃離，但幾分鐘後，咳血而死。

日德蘭海戰

　　1916年5月30日22時，英海軍司令約翰·傑立克率領24艘戰列艦，3艘戰列巡洋艦離開因沃內斯，同時，前鋒司令彼得率領4艘戰列艦，6艘戰鬥巡洋艦離開羅西恩。德艦隊前鋒司令余伯率領5艘戰鬥巡洋艦從基爾出發，沿著日德蘭海濱向西北駛去。這時，英國前鋒司令彼得率領的艦隊從西北向東南行進。31日下午，雙方艦隊相遇，立即展開了大規模的戰鬥。

　　這次海戰，英國出動了各種艦隻151艘，德國出動了101艘。德國的1艘大艦和10艘小艦被擊沉，損失2500餘人，英國被擊沉3艘大艦，11艘小艦，損失6000餘人。

無限制潛艇戰

　　早在1915年5月，德國曾承諾限制潛艇活動，許諾軍事行動僅限於交戰國。1916年，德國潛艇擊沉了300艘英國商船，給英國海上運輸帶來一定困難。日德蘭海戰之後，德國更感到有必要擴大潛艇戰爭。從1917年2月4日起，德國開始實行「無限制潛艇戰」。凡是在英吉利海峽行駛的一切船隻，均遭到德國潛艇的襲擊。德

國的潛艇戰雖然取得了重大戰果，但也促使協約國迅速創造出一些防禦及反擊潛艇的辦法，使德國企圖迫使英國求和的願望落空。

索姆河戰役

1916年初，根據協約國確定的戰略方針，英法聯軍計劃在索姆河及其支流昂克爾河地區發動大規模進攻，徹底擊潰法國北部德軍。此役，聯軍以損失61.5萬人（英軍42萬人、法軍19.5萬人）的巨大代價，奪占德軍240平方公里的陣地，牽制了德軍對凡爾登的進攻；德軍損失65萬人，被迫收縮防線，在西線暫時轉入戰略防禦。此役表明，進攻一方即使兵力兵器佔優勢，但若逐次投入兵力，仍難以達到突破對方縱深防禦的戰役目的。

凡爾登戰役

凡爾登是協約國軍防線的突出部，對德軍深入法國、比利時有很大威脅，它又是通往巴黎的強固據點和法軍陣線的樞紐。1916年2月21日，德軍集中前線所有大炮對凡爾登附近狹窄的三角地帶連續轟擊10多個小

時，隨後以6個師兵力向前推進。法軍組織軍隊拚死抵抗。德軍首次使用光氣窒息彈。法英聯軍於6月底至11月中在索姆河一帶對德軍陣地發動強大攻勢，德軍頑強抵抗，守住了防線。

10—12月，法軍在凡爾登調集部隊，開始反攻，奪回大部分失地。德軍戰略進攻終於失敗。這次決定性戰役是第一次世界大戰的轉折點，德意志帝國從此逐步走向最後失敗。

美國對德宣戰

1917年4月2日，威爾遜在兩院的聯席會上發表演說，號召美國加入歐洲戰場。4月6日，美國對德宣戰，12月7日對奧匈帝國宣戰。宣戰前幾個月中，美德關係已日益惡化。

在德國1月31日宣佈再次實行「無限制潛艇戰」以後，美國商船「豪森圖尼號」2月3日在西西里海域被擊沉。美國在當天予以譴責，並宣佈與德斷交。2月26日，美國驅逐德國駐美大使，並召回本國駐德大使。3月12日，美國非武裝商船「艾爾奎因」號被擊沉，美國宣佈武裝所有商船。6月27日，由潘興將軍率領的第一批美軍到達德國。

貝爾福宣言

1世紀，佔領巴勒斯坦的羅馬軍隊把猶太人驅逐出他們的家園。猶太人分別到許多歐洲國家定居下來，後來也有些人去了美國。但是他們從未忘記自己是猶太人。其他種族經常迫害猶太人。19世紀，反猶太主義激起了猶太人在巴勒斯坦重建家園的運動。這場運動稱為猶太復國主義，得到英國的大力支持。1917年，英國外相貝爾福在致英國猶太領袖羅斯柴爾德爵士的信中，正式表明英國政府的支持態度，世稱「貝爾福宣言」。

十四點和平綱領

1918年1月8日威爾遜在國會發表演說，提出十四點原則作為「建立世界和平的綱領」，主要內容是：簽訂公開和約；平時和戰時海上航行絕對自由；建立貿易平等條件；裁減軍備到同國內安全相一致的最低點；公正處理殖民地問題；外國軍隊撤出俄國；德軍撤出比利時，並恢復其主權；德軍撤出法國，阿爾薩斯和洛林歸還法國；調整義大利疆界；允許奧匈帝國境內各民族自治等十四點。在1919年的巴黎和會上，英、法操縱會議

進程，猛烈反對美國旨在建立世界霸權的綱領。所議定
的和約條款大多不符合十四點的初衷，新創立的國際聯
盟也成為推行英、法兩國政策的工具。美國國會拒絕批
准《凡爾賽和約》，不參加國際聯盟。這標誌著十四點
的失敗。

巴黎和會

　　1919年1—6月間在巴黎召開的國際會議。是在第一
次世界大戰中獲勝的英、法、美、義、日等帝國主義國
家重新分割世界的分贓會議。會議簽訂了《凡爾賽和
約》，非法決定讓日本繼承戰前德國在中國山東的特
權。另外，還策劃干涉蘇維埃俄國，並決定成立國際聯
盟。

國際聯盟

　　第一次世界大戰結束後建立的國際組織。又稱國際
聯合會，簡稱國聯。1919年1月8日巴黎和會通過建立國
聯的決議。同年4月28日和會通過以美英方案為基礎的
盟約，並作為對德、奧、匈、保等國和約的第一部分。

1920年1月10日國聯正式成立，總部設在瑞士日內瓦。同年7月16日中國批准對奧和約，為國聯創始會員國之一。

美國威爾遜政府曾企圖把國聯作為建立世界霸權的工具，後因英、法、義、日反對未能如願。美國國會拒絕批准《凡爾賽和約》，因而未參加國聯。蘇聯於1934年9月18日加入。1937—1938年國聯會員國最多時達58個。

◆ 「一戰」後的資本主義世界

美國限制移民

美國是依靠移民組成的國家，但隨著西進運動的終結，勞工和勞工組織把新移民看成是縮小國內勞動市場和妨礙勞工組織發展的因素，因此要求限制移民入境。20世紀初的15年，平均每年有100萬移民入境。

從1917年開始，美國開始限制移民入境人數，但每年仍有100萬移民湧入。從1921年5月開始，美國移民數限制為1910年在美國的新出生的外來人口的3%。這才使移民數有所減少。

海軍軍備競賽

第一次世界大戰結束後，隨著德國海軍的敗亡，美國和日本都將對方視為爭奪遠東和太平洋霸權的主要障礙，開始瘋狂擴建海軍；而英國為了保持本國海軍的優勢地位，也撥巨款擴充海軍。

列強之間的海軍軍備競賽愈演愈烈。到1921年，美國已成為世界第一海軍強國。

凡爾賽—華盛頓體系

1919—1920年，巴黎和會的召開及《凡爾賽和約》的簽訂，暫時穩定了帝國主義國家的關係，即構成了凡爾賽體系。

1921—1922年的華盛頓會議是巴黎和會的繼續，簽訂了《四國條約》和《五國海軍條約》，確定了戰後帝國主義國家在遠東和太平洋的統治秩序，構成華盛頓體系。從而建立起戰後帝國主義國家間的世界新格局，即凡爾賽—華盛頓體系。

1939年9月，德國進攻波蘭，發動了第二次世界大戰，凡爾賽—華盛頓體系徹底崩潰。

米騷動

第一次世界大戰後，日本資本主義工業的迅速發展和半封建落後農業的矛盾，造成糧食短缺，加之地主、米商囤積居奇，致使米價猛漲。各地民眾紛紛奪取奸商糧店，搗毀富豪住宅，襲擊警察署，進而焚燒建築物，許多地區的群眾和警察發生流血衝突。8月中旬以後，騷動向地方村鎮和煤礦區發展。礦工以炸藥為武器同軍警進行戰鬥，不少農村的租佃糾紛轉變為暴動。騷動一直持續到9月19日。米騷動沉重打擊了日本天皇制統治，並迫使以陸軍大將寺內正毅為首的內閣下台。

威瑪共和國

德意志第一個資產階級議會民主制共和國。德國十一月革命推翻德意志帝國後，德國社會民主黨多數派與舊軍人妥協，於1919年2月6日在威瑪召開國民議會，選舉艾伯特為總統、謝德曼為總理。同年7月31日通過《威瑪憲法》，正式宣告廢除帝制，成立共和國。希特勒掌權後，於1933年3月以法西斯手段停止實施《威瑪憲法》，共和國解體。

第三國際

即共產國際，1919年3月在列寧領導下成立，總部設於莫斯科。1922年7月，中國共產黨二大決定參加共產國際，成為它的一個支部，在很長一段時間裡，第三國際成了中共的實際領導者，中共也從第三國際獲取援助。1943年5月15日，共產國際執行委員會主席團為適應反法西斯戰爭的發展，並考慮各國鬥爭情況的複雜，需要各國共產黨獨立自主地處理面臨的問題，作出《關於提議解散共產國際的決定》。同年5月22日，向全世界公佈了這個決定。同年6月10日，鑒於共產國際在某種程度上是為了反對協約國而創，而美國此時成為蘇聯拉攏以反對法西斯德國的非常重要對象，共產國際執行委員會決定共產國際正式宣告解散。1925年與1926年中國國民黨兩次向共產國際申請加入共產國際，但都被拒絕。

阿姆利則慘案

英國殖民者屠殺印度人民的事件。1919年4月13日，旁遮普的阿姆利則市二萬多群眾舉行抗議集會，遭到英

國駐軍血腥屠殺，數百名群眾喪生，另有千餘人受傷。
這一慘案，使印度人民反英鬥爭迅速高漲。

匈牙利蘇維埃共和國的成立

1918年10月29日，匈牙利人民在布達佩斯舉行罷工遊行，要求停止內戰。罷工鬥爭迅速發展成武裝起義，推翻了哈布斯堡王朝。同年11月，新成立的卡羅利政府與協約國簽署停戰協議，宣佈成立共和國。1919年2月，協約國要求匈牙利後撤駐軍，卡羅利政府被迫下台，將政權交給了匈牙利社會民主黨。3月21日，社會民主黨與共產黨協議合併，宣告成立匈牙利蘇維埃共和國。

愛爾蘭自治

第一次世界大戰戰後初期，愛爾蘭獨立的鬥爭重新高漲。愛爾蘭共和派曾於1916年在都柏林舉行起義，但遭到英國政府的鎮壓。1919年1月21日，共和派在都柏林舉行集會，宣佈成立獨立的愛爾蘭共和國。愛爾蘭共和軍和受英國控制的警察軍展開了激烈的戰鬥，1921年，雙方開始談判，英國承認愛爾蘭自治。1923年，愛爾蘭被國際聯盟接納為成員國。

色佛爾條約

《色佛爾條約》一譯《塞夫勒條約》。土耳其承認漢志和亞美尼亞獨立;伊拉克和巴勒斯坦劃為英國委任統治地;敘利亞和黎巴嫩劃為法國委任統治地;土耳其在歐洲的大部領土主要由義大利和希臘瓜分;黑海海峽由國際共管;土耳其武裝力量被限制在5萬人以內;其財政經濟接受協約國的監督。

以《凡爾賽和約》為主的一系列條約構成戰後歐洲國際關係的新體系,即凡爾賽體系,在戰後長期影響著歐洲國際關係的發展。

魯爾危機

德國在1921年交付首次戰爭賠款後,即提出延期支付下一年賠款的要求。法國對此非常惱火。1923年1月11日,法國聯合比利時出兵10萬進德國西部重要工業城市魯爾地區。

1月12日,德國外交部指責佔領魯爾是最嚴重的侵害德國主權的戰爭行為。在多方國際壓力下,法比不得不在1924年11月從魯爾撤軍。魯爾危機解除。

道威斯計劃

第一次世界大戰結束後，協約國於1924年制定的德國賠款支付計劃。由於德國財力枯竭，加上戰勝國爭奪德國賠款的矛盾，德國按《凡爾賽和約》支付賠款問題成為20年代資本主義國際經濟與政治中難以解決的糾紛。根據英國提議，協約國賠款委員會於1923年11月增設兩個專門委員會，一個研究平衡德國預算和穩定德國金融之方法，一個調查德國資本外流情況並設計引回的方法。兩個專門委員會以美國銀行家道威斯為主席。12月由法、比、義、英、美5國代表組成的國際專家委員會赴德調查，研究德國賠款問題。1924年4月9日道威斯擬定一項解決賠款問題的計劃，史稱道威斯計劃。

洛桑會議

1932年，英、法、德、義等7國的代表在瑞士的小城洛桑舉行了討論安全保證問題的會議。簽署了《洛桑公約》。該公約規定：德、法、比互相保證，使德比、德法邊境不受侵犯；《凡爾賽和約》關於萊茵非軍事區的規定應得到遵守；德法和德比互不侵犯，和平解決爭

端；英國和義大利作為保證國，承擔援助被侵略國的義務。從國際關係的角度看，公約的簽訂對於穩定歐洲的局勢起到了積極作用。

楊格計劃

1929年第一次世界大戰戰勝國重新規定德國賠款問題的計劃。因由美國銀行家楊格主持制定，故名。1929年初，德國提出因財政困難，無力執行道威斯計劃，要求修改有關規定，得到美國支持。經協約國商定，1929年2月由楊格為主席的專家委員會在巴黎開始工作，制定新的賠款計劃。

1929年6月委員會通過楊格計劃，經1930年1月海牙會議批准生效。計劃規定：把德國應付的賠款總額縮減為1139億馬克，分59年付清；取消對德國財政經濟的國際監督，由新成立的美國操縱的國際清算銀行處理賠款的一切事宜。

計劃制定後僅4個月，1929年10月爆發資本主義經濟危機，德國財政面臨崩潰的危險。1931年6月，美國總統胡佛宣佈，賠款和國際債務延期支付一年。德國此後不再支付賠款。楊格計劃夭折。

西班牙內戰

　　1936年2月16日，西班牙舉行大選，人民陣線獲勝，成立聯合政府。議會選舉阿薩尼亞·伊·迪亞斯為共和國總統。人民陣線聯合政府成立後，進行一系列改革。1936年7月18日，西班牙軍官佛朗哥發動武裝叛亂。10月1日，叛軍在布爾戈斯成立政府，開始了西班牙內戰。1936—1937年，佛朗哥先後向西班牙共和國的首都馬德里發動4次大規模的進攻。1939年3月底，佛朗哥軍隊在德、義法西斯支持下佔領了西班牙大部分土地。3月27日馬德里失守，4月1日，共和國政府被推翻。

喬伊斯與《尤利西斯》

　　20世紀20年代出現了一部爭議較多的小說《尤利西斯》。當人們讀過此書和該作者的另一些作品後，才逐漸瞭解了這部小說的意義。他是一部嚴肅的作品，要探討的是應該怎樣生活和價值標準等重大問題。《尤利西斯》由此而被公認為現代派小說的巨著。小說的作者是「意識流派」的代表作家，愛爾蘭的喬伊斯，喬伊斯取《尤利西斯》為名，意在表明本書是記錄現代人的史詩。

因此，他在作品中成功的運用了意識流派的表現手法，《尤利西斯》成為「意識流派」代表作。

物理學革命

20世紀初，科學技術取得了巨大發展，發生了物理學革命。物理學家愛因斯坦1905年和1915年先後提出了狹義相對論和廣義相對論，論證了時間和空間的統一性，確立了嶄新的時空觀。1925年左右，德國人海森伯在前人的研究基礎上，創建了量子力學這門學科。它和相對論相結合，形成了原子核物理學。以量子論和相對論為基礎的物理學革命，促進了一批新技術的發展，並且改變了人類的生產及生活方式。

弗洛伊德與《夢的解析》

弗洛伊德是奧地利精神病醫生、精神分析學家。他認為被壓抑的慾望絕大部分是屬於性的。性的擾亂是精神病的根本原因。他的著作《夢的解析》是有關精神分析最重要的研究著作。他在書中詳細地闡述了其關於夢的獨創性概念。認為夢是「認識潛意識的重要途徑」。這一理論對當時的社會和藝術界產生了廣泛的影響。

◆ 俄國十月革命

列寧主義

　　列寧主義是帝國主義時代和無產階級時代的馬克思主義，是無產階級革命的理論和策略，特別是無產階級專政的理論和策略。列寧豐富和發展了馬克思主義，特別是創立了帝國主義是資本主義最高和最後階段的學說，揭示了帝國主義的基本特徵及其發展規律，作出了社會主義能夠首先在少數甚至單獨在一個資本主義國家內獲得勝利的科學論斷。

蘇維埃

　　俄語音譯，意為會議或代表會議。俄國工人在1905至1907年革命中，創造的群眾性政治組織。工人代表蘇維埃由各工廠代表組成，是領導工人罷工鬥爭的組織。在革命高潮時，有些蘇維埃成為領導武裝起義的機構。列寧把蘇維埃看做是革命政權的萌芽。1917年二月革命後，各地工人、農民和士兵普遍建立蘇維埃。十月革命後亦成為國家政權機關的組織形式。前蘇聯最高蘇維埃一直是前蘇聯的最高權力機關。

第一個社會主義國家誕生

　　第一次世界大戰給俄國人民帶來深重的災難，飢寒交迫的人們再也無法忍受，反戰情緒日益高漲。在列寧的領導下，俄國人民取得了十月革命的勝利，建立了世界上第一個蘇維埃社會主義國家，改變了世界歷史的格局和進程。

俄國二月革命

　　1905年，俄國第一次資產階級民主革命失敗後，國內各種矛盾更加尖銳。第一次世界大戰爆發後，列寧遂提出「變帝國主義戰爭為國內戰爭」的口號，號召人民掉轉槍口，反對本國反動政府。

　　大戰中，俄軍在前線接連失利，後方農田荒蕪，企業倒閉，經濟狀況惡化，各種矛盾激化。1917年3月8日，彼得格勒普梯洛夫工廠工人開始罷工，隨即得到其他工廠工人的響應。10日，彼得格勒爆發了全城政治總罷工。3月12日，政治總罷工發展成為武裝起義。3月15日，尼古拉二世被迫宣佈退位，沙皇專制制度被推翻。二月革命勝利後，俄國出現了兩個政權並存的

局面：一個是工兵代表蘇維埃，一個是資產階級臨時政府。俄國二月革命為俄國十月革命提供了準備。

《四月提綱》

二月革命後，俄國形成兩個政權並立的局面，即工兵代表蘇維埃和資產階級臨時政府。在1917年4月17日的塔夫利達宮布爾什維克會議上，列寧作了《四月提綱》的報告。《四月提綱》指出俄國當前形勢的特點是從革命的第一階段向革命的第二階段過渡，第一階段由於無產階級的覺悟和組織程度不夠，政權落到了資產階級的手中，第二階段應當使政權轉到無產階級和貧苦農民手中。《四月提綱》為布爾什維克黨提出了從資產階級民主革命過渡到社會主義革命的路線和計劃。

十月革命

1917年11月，俄國無產階級在列寧為首的布爾什維克黨領導下，推翻資產階級統治的社會主義革命。因發生在俄歷十月份，故稱。1917年11月6日，彼得格勒武裝起義開始。11月7日，起義取得勝利。當晚，全俄蘇

維埃第二次代表大會召開，宣佈全部政權歸蘇維埃。8
日，通過《和平法令》和《土地法令》，隨即組成列寧
為主席的第一屆蘇維埃政府——人民委員會。

　　從1917年10月到1918年3月，全國各地相繼建立起
蘇維埃政權。十月革命是20世紀最重要的事件之一，它
創建了第一個無產階級專政的社會主義國家，開闢了人
類歷史新紀元。

蘇俄國內戰爭

　　1918年至1920年，蘇維埃政權領導俄國人民反對國
內反革命叛亂和外國武裝干涉的戰爭。1918年3月，英
國軍隊在摩爾曼斯克登陸。4月，日本軍隊在海參崴登
陸。1918年5月底，由戰俘組成的捷克斯洛伐克軍團發
動叛亂。其間，社會革命黨和孟什維克亦在各地建立蘇
維埃政府，製造一系列顛覆破壞事件。蘇維埃政權陷於
危急之中。

　　1918年9月2日，蘇維埃政權宣佈蘇維埃共和國為統
一的軍營，把各項工作立即轉入戰時軌道，不惜一切保
衛祖國。1920年10月，蘇波簽署停戰協定。1920年11月
上旬，紅軍在南線將弗蘭格爾匪軍擊敗。至此，蘇維埃
政權取得最終勝利，國內戰爭基本結束。

戰時共產主義

　　十月革命勝利後，為了戰勝外國武裝干涉和國內反動勢力，從1918年9月開始，俄共中央成立了以列寧為首的工農國防委員會，把整個國家生活轉入戰時軌道。戰時共產主義政策主要有幾方面內容：實行餘糧徵集制，把農民手中的餘糧全部收集到政府手中，並壟斷糧食貿易，禁止一切私人交易；對幾乎全部工業企業，一律實行國有化；對國民經濟實行高度集中的管理，生產資料由國家供應，全部產品也由國家直接分配；推行義務勞動制，「不勞動者不得食」；實行生活必需品的定量配給和實物工資，禁止市場交易。戰時共產主義政策在動員一切社會力量打擊國內外反革命力量，捍衛新生的蘇維埃政權等方面發揮了重要作用。但在一定程度上阻礙了經濟的發展。1921年3月，被新經濟政策代替。

《布列斯特和約》

　　1918年3月3日，蘇維埃與俄國與德國、奧匈帝國、保加利亞、土耳其在布列斯特──里托夫斯科簽訂的和平條約。和約規定：蘇俄與同盟國之間停止戰爭狀態，

波蘭、立陶宛、白俄羅斯和拉脫維亞部分地區脫離俄
國；蘇俄從拉脫維亞和愛沙尼亞撤軍，由德軍進駐；蘇
俄軍隊撤離烏克蘭、芬蘭和奧蘭群島，並把阿爾達漢、
卡爾斯和巴倫等地區割給土耳其。蘇俄共喪失100萬平
方公里土地。此外條約還規定蘇俄軍隊必須全部復員。

　　作為和約補充的《俄德財政協定》規定，蘇俄以各
種形式向德國交付賠款60億馬克。和約內容非常苛刻，
但它使蘇俄退出了帝國主義戰爭，為集中力量鞏固十月
革命取得的成果爭取了時間，因此和約的簽訂是一種革
命的妥協。1918年11月13日，蘇俄政府宣佈廢除布列斯
特和約。

農業全盤集體化運動

　　1929—1933年，蘇聯大規模開展得把個體小農經濟
聯合為大集體的社會主義改造運動。1927年，聯共（布）
第15次代表大會指出，黨在農村的基本任務是把小農經
濟改造為大集體經濟。1929年，在蘇聯全國範圍內，開
展了大規模的農業集體化運動。1930年1月，聯共（布）
中央通過《關於集體化和國家幫助集體農莊建設的辦
法》，指出農業集體化的基本形式是享有土地使用權和

主要生產資料公有的勞動組合,即集體農莊。決議要求在運動中堅持農民自願參加的原則,政府沒收富農的財產,把它轉交給集體農莊。從1933年開始,國家統一制定集體農莊示範章程,實行義務交售制。1937年,集體化的任務全面完成。蘇聯農業集體化為蘇聯工業化創造了條件,但對農民的利益不夠尊重,給經濟發展帶來不良影響。

基洛夫遇刺

基洛夫是著名的政治活動家,1934年,在黨的第十七次代表大會上,得票高於史達林。會後基洛夫當選聯共(布)中央政治局委員、中央組織局委員和中央書記,同時兼彼得格勒州委書記。1934年12月1日,基洛夫在彼得格勒斯莫爾尼宮被暗殺。兇手尼古拉耶夫被當場逮捕。史達林親自過問這一案件,參與審判兇手。四個星期後,尼古拉耶夫被處決。基洛夫的衛隊長在被押解受審的途中亦死於車禍。政府最初宣佈暗殺是自衛恐怖分子所為,後來又宣稱是托洛茨基——季諾維也夫反對派策劃的。並於1935年1月分別判處季諾維也夫、加米涅夫進行審判,分別判處10年和5年有期徒刑。1936

年，對兩人又重新審訊。在沒有物證的情況下，宣判他
們組織「托洛茨基——季諾維也夫聯合總部」，組織刺
殺基洛夫，並多次企圖暗殺史達林，並判處死刑，不許
上訴就予以處決。基洛夫被刺殺案件亦直接導致了蘇聯
清洗運動。

大清洗運動

1934年12月1日，聯共中央政治局委員基洛夫遇刺
身亡，一場大規模的肅清反革命運動由此在全國展開。
由於當時蘇聯法制的不健全，以及史達林個人崇拜的盛
行，許多無辜的領導人、普通黨員和公民遭到迫害，給
蘇聯社會主義事業和國際共產主義運動造成了難以估量
的損失。

《1936年蘇聯憲法》

1936年11月，蘇維埃第八次非常代表大會在莫斯科
召開。12月5日，通過了《蘇聯新憲法》。憲法規定：
蘇聯是工農社會主義國家，蘇聯的政治基礎是勞動者代
表蘇維埃。社會主義經濟制度和生產資料的社會主義所

有制，是蘇聯的經濟基礎。蘇聯的經濟由國家計劃決定和指導，實行「各盡所能、按勞分配」的原則以及人權問題等。蘇聯1936年憲法的制定，宣告了第一個社會主義國家的建成，也標誌著史達林創建的經濟政治體制的形成。

◆ 世界經濟危機

柯立芝繁榮

　　20世紀20年代前期，美國出現了經濟繁榮，工業生產保持世界首位，並大大超過了戰前水平。由於這一繁榮階段基本上處於柯立芝總統期間，所以稱為「柯立芝繁榮」。柯立芝繁榮是壟斷資產階級大發一戰橫財的自然結局，但是這種繁榮是短暫的，背後潛伏著危機。勞動人民相對貧困、某些經濟領域的不景氣以及資產階級政府對資本家盲目生產的放任都表明了繁榮的脆弱。1929年爆發的經濟危機宣告了柯立芝繁榮的結束。柯立芝繁榮還是美國推行金元外交的依托。

英國「紅色星期五」

1925年英國煤炭工業受德國煤炭工業競爭的影響發生危機。6月，煤礦主決定降低礦工工資，取消最低工資限額，嚴長工作時間，並以同盟歇業相威脅。這個決定遭到英國工人階級的堅決反對。7月31（星期五），煤礦、運輸、鐵路工人的「三角同盟」舉行罷工。由於保守黨政府被迫作出讓步，於當天宣佈向礦主提供一筆9個月的補助金，使他們可以照發公認的工資，一觸即發的勞資衝突暫時得以延緩。這時英國工人取得的一次重大勝利，顯示了團結的力量。7月31日被稱為「紅色星期五」。這是1926年總罷工的序曲。

20世紀30年代世界經濟大危機

1929年開始，資本主義世界爆發了世界經濟危機，這次經濟危機是當時資本主義歷史上破壞最大、持續時間最久的一次「生產過剩」危機。1929年10月24日，美國紐約交易所股票價格的暴跌，宣告了世界經濟危機的到來。隨後，危機蔓延到整個資本主義世界。危機期間，工業生產減少了30%，整個資本主義國家生產倒退

20多年。危機造成了資本主義國家國內和國際矛盾的尖銳化，促進了法西斯專政的產生，而法西斯專政最終引發了第二次世界大戰的爆發。

紐約股市「黑色星期四」

美國20世紀20年代的經濟繁榮中孕育著潛在的危機，終於釀成了1929年10月的股市狂跌。1929年10月24日，紐約股票市場開始崩潰，這一天出售股票近1300萬股。開盤後價格就猛跌。災難性的市場崩潰形勢已經勢不可擋。這一天有數千經紀人和數十萬小投機者破產，因此，被人們稱為「黑色星期四」。股票市場的崩潰迅即引起銀行危機，並擴大成全面的經濟危機。

威斯敏斯特法

一戰結束後，英國由債權國轉變為債務國。於是在1926年的帝國會議上英國代表團團長貝爾福提出自治領的定義，1931年12月11日，英國議會通過本法確認這個定義。定義內容：根據本法，聯合王國與當時僅有的白人佔優勢的加拿大、澳大利亞、新西蘭、南非聯邦、愛

爾蘭共和國和紐芬蘭組成英聯邦；自治領為獨立和平等
的主權國，共戴英王為國家元首。主權國議會與帝國議
會平等，自治領議會具有廢止或修正與英國法律相牴觸
的法律、命令、規則或規章的權力。凡未經自治領明確
請求並得到其同意，英國議會無權代為立法。在對外事
務上，規定自治領有獨立的外交權，可派出及接受外交
使團。除紐芬蘭外，都可在國際聯盟中派遣自己的代
表。《威斯敏斯特法》標誌著英帝國轉變為英聯邦。自
此以後，英國通過英聯邦形式，加強在貿易領域中的協
商，增強聯邦內各國經濟上的互惠，並組成英鎊集團。

羅斯福新政

　　1929年10月24日，美國以交易所股票的急劇下跌為
標誌進入30年代經濟大危機年代。危機期間，胡佛總統
信奉「不干預主義」，使美國經濟危機進一步惡化。美
國的工業和農業都呈現出一派可怕的情景。工廠大門緊
閉，牲畜被成批殺掉，牛奶倒入大海，而廣大人民卻忍
饑挨餓，胡佛總統也被冠以「飢餓總統」的稱號。1932
年，羅斯福就任美國總統。他在就職演說中說：「這個
偉大的國家將會堅持下去——它將復興，將會繁榮昌

盛」。在這樣的信念下，羅斯福開始實行他的「新政」，從他就任到1941年美國參戰的9年，也被稱為「新政時期」。羅斯福的新政主要採用英國經濟學家凱恩斯的經濟理論。其主旨就是要由國家來干預經濟生活，實行有調節的資本主義。新政的實施使經濟得到了復甦，改善了人民的生活，維護了資本主義的民主制度。

國會縱火案

德國納粹黨策劃的焚燒柏林國會大廈，藉以陷害德國共產黨和其他進步力量的陰謀事件。希特勒以此為契機建立起納粹黨的法西斯獨裁政權。在1932年11月的德國選舉後，希特勒出任政府總理，但納粹黨在選舉中並未獲得壓倒多數，因而定於1933年3月5日舉行新的選舉。與此同時，戈培爾和戈林為陷害共產黨和欺騙群眾，製造輿論，策劃了縱火陰謀。

2月27日晚，衝鋒隊隊員通過戈林官邸中的隧道進入國會，放火焚燒國會大廈。縱火當晚，戈林即下令逮捕德共黨員和反法西斯人士，查禁德國共產黨和社會民主黨報刊，封閉德共辦事處。

第三帝國

在1932年7月的國會選舉中，納粹黨成為第一大黨。在榮克地主、壟斷資本家的支持下，1933年1月30日，希特勒上台執政，建立號稱「千年太平」的帝國。以後納粹統治下的德國被稱為「第三帝國」。1934年8月2日，興登堡逝世。希特勒按政府通過的《德國元首法》，自任國家元首，獨攬大權，成為獨裁者。1945年5月8日，德國最高統帥部簽署《無條件投降書》。「第三帝國」就此覆滅。

法西斯黨

法西斯為拉丁文「束棒」的譯音，系指古代羅馬高級官吏出巡時由護從所執的棒束，中間插一把戰斧，象徵權力和暴力。第一次世界大戰後，義大利經濟困難，政局動盪，工人運動高漲。1919年，墨索里尼在米蘭建立「戰鬥的法西斯」，標榜實行「革命」和「社會正義」，反對共產主義。1921年11月正式改稱法西斯黨，墨索里尼為領袖。從事恐怖暴力活動，破壞工人運動和民主運動。得到壟斷資本家的支持，黨徒數量迅速增

加。1922年10月，墨索里尼組織武裝黨徒向羅馬進軍，取得政權。在國內大肆逮捕共產黨人和民主人士，逐步取消議會民主制度，解散其他所有政黨，建立法西斯獨裁統治的「總體國家」。對外鼓吹重新瓜分殖民地，推行戰爭政策，侵略衣索比亞，武裝干涉西班牙，與德、日勾結組成軸心國，挑起第二次世界大戰。1943年，義大利投降後瓦解。

納粹黨

　　納粹黨是德語「民族的」和「社會主義」兩個詞所寫的音譯，納粹黨即「民族社會主義德國工人黨」，是德國的法西斯政黨。其前身是1919年成立的德意志工人黨。1920年進行改組，1921年希特勒成為黨魁。該黨宣揚大日耳曼主義，要求擴張領土，重新瓜分殖民地，建立一個龐大的德意志帝國，攻擊馬克思主義和共產主義。1923年，發動啤酒店暴動，失敗後被查禁。1925年，重新活動。1933年奪取了政權，在全國實行反革命恐怖統治，鎮壓共產黨和一切進步人士，瘋狂虐殺猶太人，對外瘋狂侵略，挑起第二次世界大戰。1945年德國投降，盟國管制委員會宣佈納粹黨為非法組織。

美國廢除禁酒令

1933年12月5日，美國嗜酒者大肆慶祝禁酒令的廢除。這次飲酒合法化離上次合法飲酒規定的頒布相隔14年之久。就在當天的17時32分30秒，猶他州批准廢除禁酒令，成為36個州中最後一個通過這項法令的州。美國總統羅斯福呼籲全國人民仍要適量飲酒，以防止再出現1920年導致禁酒令的「不當運動」。

◆ 第二次世界大戰

第二次世界大戰

第二次世界大戰爆發時間是1939年，結束時間是1945年。戰爭期間，先後有60多個國家和地區參戰，波及20多億人口。戰爭雙方共動員軍隊1億多人，戰爭過程中死亡人數達5000多萬，直接戰爭費用13520億美元，財產損失高達4萬億美元。最終，正義戰勝邪惡，橫掃一時的德、日、義三個法西斯國家被徹底打敗，人類文

明得以拯救，世界重新恢復了和平。從此，世界歷史進
入了一個新的階段。

美國中立法

1935年8月，在美國國會通過「中立法」，由羅斯
福總統簽署生效。規定對交戰國雙方禁運軍火，後又擴
大到西班牙內戰雙方。這時的中立法是綏靖政策的變
種。1939年9月21日作出重大修改，取消向交戰國禁運
軍火的限制，但需要「現款自運」，售與哪些國家，則
授權總統決定。此後，美國向英、法出售武器。1941年
3月為《租借法案》代替。

綏靖政策

綏靖政策也稱姑息政策。一種對侵略不加抵制，姑
息縱容，退讓屈服，以犧牲別國為代價，同侵略者勾結
和妥協的政策。第二次世界大戰前，這一政策最積極的
推行者是英國、法國、美國等國。20世紀30年代前，綏
靖政策主要表現為扶植戰敗的德國、支持日本充當防範
蘇聯的屏障和鎮壓人民革命的打手。這從凡爾賽體系、

華盛頓體系中可以窺見端倪。在道威斯計劃、楊格計
劃、洛迦諾公約中則更具體化了。第二次世界大戰後，
綏靖政策表現為美國對前蘇聯的妥協。歷史證明，綏靖
政策是一種縱容戰爭、挑撥戰爭、擴大戰爭的政策。它
無法滿足法西斯國家的侵略野心，卻鼓勵了侵略者冒
險，加速了第二次世界大戰的爆發。1939年德國閃擊波
蘭，綏靖政策一度破產。

蘇台德危機

　　蘇台德位於捷克斯洛伐克西部山區，與德國接壤。
德國吞併日耳曼之後，立即開動宣傳機器，指責捷克人
「迫害」蘇台德地區的日耳曼人。1938年4月24日，由
德國一手扶植的蘇台德日耳曼人黨魁漢來因，提出了要
求蘇台德地區自治的綱領。希特勒於5月19日下令向德
捷邊境集結軍隊，對捷克斯洛伐克進行戰爭威脅。德捷
軍隊在邊境的緊張對峙，形成了「五月危機」。英法對
德國採取綏靖政策，壓迫捷政府讓步。9月，德捷邊境
局勢再度急劇惡化。英法決定犧牲捷克斯洛伐克，以維
持所謂的「歐洲和平」。1938年9月30日深夜，英、法、
德、義簽訂了承認德國吞併蘇台德地區的《慕尼黑協
議》。

慕尼黑會議

1938年9月29—30日在德國慕尼黑舉行的英、法、德、義4國以犧牲捷克斯洛伐克為代價謀求相互妥協的國際會議。德國法西斯利用捷克斯洛伐克民族問題挑起事端，英、法兩國對捷施加壓力，迫其割讓蘇台德區。希特勒又要求兼併更多的領土，並於9月26日以戰爭相威脅，局勢空前緊張。

經過幕後策劃，由墨索里尼出面斡旋，決定舉行英法德義4國慕尼黑會議。9月30日凌晨簽訂了《慕尼黑協定》。慕尼黑會議及協定粗暴地踐踏了國際法和國際關係的基本準則，是綏靖政策登峰造極的表現。慕尼黑會議及協定鼓勵和助長了法西斯國家進一步發動侵略戰爭的野心。加速了第二次世界大戰的爆發。

《蘇德互不侵犯條約》

1939年8月23日蘇聯和德國在莫斯科簽訂的條約。史達林於1939年8月21日接受希特勒提出的立即締結互不侵犯條約的要求。8月23日蘇聯同德國簽訂《蘇德互不侵犯條約》，有效期10年。條約規定，締約雙方彼此

互不使用武力，任何一方將不參加直接或間接反對他方的國家集團；當一方受到第三國進攻時，另一方不給予第三國任何支持；就彼此有關問題，密切接觸，交換情報；和平解決相互間的一切爭端。

第二次世界大戰結束後，西方國家公佈了《蘇德互不侵犯條約》的《附加議定書》，內容為確定雙方在東歐的勢力範圍。該條約的簽訂使蘇聯得以暫時置身於戰火之外。但條約簽訂不到兩年，德國在西線得手後，於1941年6月22日撕毀《蘇德互不侵犯條約》，對蘇聯發動突然襲擊。

閃電戰

閃電戰是「二戰」中德軍經常使用的一種戰術，它充分利用飛機、坦克的快捷優勢，以突然襲擊方式制敵取勝。它往往是先用飛機猛烈轟炸地方主要的戰略設施和通訊中心，把敵人的飛機炸毀在機場，取得控制權，並使敵人的指揮系統癱瘓。在進攻蘇聯時，德軍的閃電戰最終遭到失敗。

馬奇諾防線

第二次世界大戰爆發前，法國防備德軍進攻，從1928年開始到1936年，用了8年多的時間，在從瑞士到比利時之間的東部國境線上修築起了一道防禦陣地系統。因為這道防線是在當時的陸軍部長馬奇諾的倡導下修建的，所以稱為「馬奇諾防線」。1940年，德軍經阿登山區，繞過馬奇諾防線攻入法國，被法國認為是固若金湯的馬奇諾防線徹底失去了作用。

東方戰線

蘇聯趁德軍入侵波蘭之際，開始了向西擴張領土以保證本土的安全。從1939年9月到1940年8月，先是佔領了波蘭大部分領土，隨著又割佔了芬蘭一些土地，接著把波羅的海沿岸的立陶宛、拉脫維亞和愛沙尼亞三國併入蘇聯；同時還侵吞了羅馬尼亞的一部分領土。這樣，蘇聯把西部邊界向西推進了兩三百公里，建立了一條從波羅的海到黑海的「東方戰線」。後來的事實證明，「東方戰線」在抵禦德軍入侵方面的作用是有限的，而且大大損害了蘇聯在世界的形象。

蘇芬戰爭

又稱冬季戰爭。自1938年春起，蘇聯為保證列寧格勒的安全，多次向芬蘭提出交換領土，並要求租借漢科半島。芬蘭表示堅守中立立場，只同意進行小的邊境調整，兩國談判破裂。1939年11月28日，蘇聯宣佈廢除《蘇芬互不侵犯條約》。11月30日，蘇芬戰爭爆發。1940年2月蘇軍突破芬蘭的主要防線曼納海姆防線，取得軍事上的重大勝利。1940年3月，兩國在莫斯科簽訂和約。依和約，蘇聯共獲得四萬多平方公里的土地。

自由法國運動

希特勒繞過「馬奇諾防線」，攻入法國。1940年6月14日，德國未發一彈就佔領了巴黎，接著深入法國境內。在法國軍隊中，有一個堅決主張抵抗法國侵略的人，他就是夏爾·戴高樂將軍。6月18日下午，戴高樂將軍在英國廣播電台發表了《告法國人民書》，戴高樂將軍的宣言激勵了三千萬法國人民的心靈。戴高樂將軍高揚「自由法國」的旗幟，以頑強的毅力開始拯救法國的鬥爭。

「自由法國」總部設在泰晤士河畔的一座大廈裡。戴高樂將軍籌建了法國民族委員會和武裝力量，在簡陋的辦公室裡他接待從各地來的關心「自由法國」的人們。1945年5月，德國投降，戴高樂以法國臨時政府的名義，和盟軍一起接受德國投降。戴高樂以他頑強的毅力和愛國精神，為拯救和維護法國的民族獨立，做出了不可磨滅的功勳，是法國人民熱愛的一位英雄和領袖。

維琪政府

1940年6月22日，貝當政府與法西斯德國簽訂《貢比涅停戰協定》。根據協定，法國被劃分為兩部分，北部三分之二地區由德國直接佔領，東南部由貝當政府統治。7月1日，貝當政府遷到維琪。7月11日，貝當脅迫國民議會授權制定憲法，宣佈成立法蘭西國家，取代第三共和國，他本人任國家元首。

維琪政府對內實行法西斯化，鎮壓愛國運動，對外賣國求榮，充當法西斯德國的走狗。1941年曾派軍隊參加德國侵蘇戰爭。1942年11月，將統治區拱手交由德軍佔領。1944年8月，在盟軍和法國抵抗運動的打擊下解體。其主要人物在1945年均被捕受審。

不列顛之戰

英德空軍在英倫上空上演了世界上規模最大的一次空戰。1940年6月，法西斯德國軍隊席捲西歐。英國駐歐遠征軍敗退敦刻爾克。英軍雖用「發電機計劃」將軍隊撤回了本土，但卻丟失了全部重裝備。英國皇家空軍在法國上空與德國空軍交戰中亦損失了1000架以上的飛機。同年7月，希特勒制定了從海上入侵英國的「海獅」計劃。該計劃要求「德國空軍要使用其全部兵力盡快擊敗英國空軍」，奪取制空權，配合海軍和陸軍在英國本土登陸。德國空軍投入不列顛之戰的飛機約2400架，其中轟炸機1285架，其主要基地位於法國東北部、西北部以及荷蘭和挪威。這次戰役也由於英國的頑強表現，而迫使希特勒在沒有把不列顛完全逐出戰爭之前，即先回頭來對付蘇聯，重走兩線作戰的老路。

德義日軸心國集團形成

1940年，9月27日，德、義、日三國在柏林簽訂了醞釀已久的軍事同盟條約。德國期望通過條約促使日本與英、美的矛盾進一步尖銳起來，在東方和太平洋上牽

制英、美的力量。義大利則企圖依仗德、日的實力，稱霸地中海、北非和東非。日本想鞏固已經掠取的權益和進一步侵佔蘇聯的東部以及奪取太平洋上的霸權。1940年的軍事同盟條約，使德、義、日三國最終形成了法西斯侵略軸心國集團。

大東亞共榮圈

1940年8月，日本近衛內閣正式宣佈了《基本國策綱要》，提出要建立「以皇國為核心，以日、滿、華的強固結合為基礎的大東亞新秩序，確立包括整個大東亞的經濟協同圈」，為「大東亞新秩序」的口號蒙上一層「皇道主義」色彩。同年，外務大臣松岡洋右在上台後地演說中首次正式提出要建立「大東亞共榮圈」，在政治上以「共存共榮」為幌子，建立一個以日本為主宰的，「以日、滿、華的牢固結合為基礎的」，囊括印度以東、澳大利亞和新西蘭以北的所有地區和國家的殖民大帝國；在經濟上由日本壟斷「共榮圈」內的豐富資源和廣闊市場；在軍事上通過佔領南洋地區，利用其資源和戰略基地，與英、美進行爭奪亞太地區霸權的持久戰，建立日本的勢力範圍。

東條英機

東條英機（1884年—1948年）第二次世界大戰日本法西斯主犯之一。日本陸軍大將，日本統制派軍官，是日本軍國主義的代表人物。是第二次世界大戰中，是僅次於希特勒、墨索里尼、昭和天皇的法西斯頭目，是日本軍國主義侵略亞洲、侵略中國的頭號戰爭罪犯。在第二次世界大戰任日本陸軍大將和第四十任內閣首相（1941年10月18日－1944年7月22日），戰後被定為甲級戰犯，在其出任日本陸軍大臣和內閣總理期間，發動太平洋戰爭，日本軍隊策動攻擊美國夏威夷珍珠港，瘋狂侵略、踐踏亞洲10多個國家和地區，造成數以千萬計的生靈塗炭。

北非戰爭

第二次世界大戰時期，義德為一方，英美為另一方。兩方為爭奪重要戰略地區和目標，爭奪北非、近東和地中海的控制權，爭奪殖民地而實施的軍事行動。從1940年到1943年，戰局分六個階段。1943年5月13日，德義軍投降，北非戰局的最後一個戰役遂告結束。這一

戰役使法西斯集團各國在地中海戰區的戰略形勢急轉直下。

▌▌ 大西洋憲章 ▌▌

又稱《羅斯福丘吉爾聯合宣言》。1941年8月9—12日，美國總統羅斯福和英國首相丘吉爾在大西洋東北部的紐芬蘭阿根夏灣的美國軍艦奧古斯塔號上舉行會晤。8月14日發表了聯合宣言，主要內容是：兩國不追求領土或其他方面的擴張；反對未經有關民族自由意志所同意的領土變更；尊重各民族自由選擇其政府形式的權利，恢復被剝奪權利的國家；努力促使一切國家取得世界貿易和原料的平等待遇；促成一切國家在經濟方面最全面的合作；在徹底摧毀納粹暴政後確立和平，以使各國人民都能在其疆土之內安居樂業，使全體人類自由生活，無所恐懼，不虞匱乏；一切人類可以橫渡公海大洋，不受阻礙；放棄使用武力，在永久的普遍安全制度建立之前解除侵略國的武裝，以減輕愛好和平人民對於軍備的沉重負擔等。憲章具有欺騙性，在當時對鼓舞世界人民的反法西斯鬥爭，促進反法西斯聯盟的形成起了積極的歷史作用，並成為以後聯合國憲章的基礎。

▌ 邱吉爾

　　邱吉爾（1874年—1965年），保守黨領袖，歷任貿易、內政、海軍、軍需、陸軍、空軍、殖民、財政等大臣，於1940年—1945年、1951年—1955年擔任兩屆英國首相。著有《第二次世界大戰回憶錄》、《英語民族史略》等書。曾獲1953年諾貝爾文學獎。

▌ 偷襲珍珠港

　　1941年12月7日，美國太平洋上最大的海軍基地——珍珠港，港上一派祥和的假日氣息。7時55分，突然基地上空出現一群日軍飛機，扔下炸彈後返航；8時54分，第二批日機再次進行狂轟濫炸。9時40分全部離去。在日軍空襲時，美軍毫無準備只能倉促進行反擊，結果美軍損失慘重。美國對日軍的偷襲之所以毫無防備，是因為對日軍的估計不足。同時，為了麻痺美國，美日之間地談判一直進行到開戰時刻。日本政府在偷襲之後兩小時對美國宣戰。12月8日，美國總統羅斯福向國會兩院發表了戰爭咨文。接著美國國會通過決議，9日，中國對日宣戰，隨後戴高樂的「自由法國」、澳大利亞、新西蘭等20多個國家對日宣戰，太平洋戰爭爆發。

太平洋戰爭

1941年12月8日，日軍偷襲美軍珍珠港基地得手，太平洋戰爭爆發。此後，日軍在太平洋一度佔據優勢。1942年6月，在中途島海戰中，日方損失慘重，美軍開始局部反攻。在經過長期的爭奪後，美軍登上了所羅門群島的瓜達爾卡納爾島。1943年4月，美軍擊斃了日軍海軍主帥山本五十六，同年11月，在尼米茲和麥克阿瑟的指揮下大舉反攻。1945年3—6月，美軍攻佔硫磺島和沖繩，迫近日本本土。8月蘇聯對日宣戰，出兵中國東北。與此同時，中國人民展開了全面反攻。8月6日和9日，美國在日本的廣島和長崎各投一枚原子彈。由於勢竭力窮，8月15日，日本宣佈投降。9月2日在美軍軍艦「密蘇里」號上舉行簽字投降儀式。反法西斯各國取得太平洋戰爭的最後勝利。

珊瑚海海戰

1942年5月，美、日航空母艦編隊在珊瑚海進行的海戰。1942年春，日軍欲切斷美利堅合眾國通往澳大利亞聯邦的海上交通線。5月初，日本出動「翔鶴」號、

「瑞鶴」號和「祥鳳」號航空母艦駛向珊瑚海方向。美軍截獲日軍行動情報後，在珊瑚海阻擊。7日，日本「翔鶴」號和「瑞鶴」號艦載機擊沉美利堅合眾國油船和驅逐艦各1艘。同時，美艦擊沉「祥鳳」號航空母艦。8日上午，雙方航母編隊在200海里距離上出動艦載機群展開激戰。美軍出動飛機約70架次，對高木艦隊發動攻擊。「瑞鶴」號逃進雷雨區，免遭襲擊；「翔鶴」號中彈，失去作戰能力。日本出動飛機約90架次，對美艦發動攻擊。「列剋星敦」號中彈沉沒，「約克城」號被擊傷。美利堅合眾國損失飛機約70架，日本損失飛機約100架。此次海戰是戰爭史上航母編隊在遠距離以艦載機首次交鋒，也是日本海軍在太平洋戰爭中第一次受挫。日本海軍由於損失的飛機和飛行員無法立即得到補充，被迫中止對莫爾茲比港的進攻。

馬歇爾

　　喬治・卡特利特・馬歇爾（1880年—1959年），第二次世界大戰期間任美國美國陸軍參謀長，後晉陞為五星上將。1945年—1947年任駐華特使，以「調處」為名，參與國共談判。1947年—1949年任美國國務卿。在此期間，他提出了援助歐洲經濟復興的「馬歇爾計劃」。

史達林格勒戰役

　　蘇聯衛國戰爭時期的一次重大戰役。1942年7月，德軍逼進史達林格勒（今伏爾加格勒），戰役開始。德軍在遭受重大損失後，於9月竄入市區。蘇聯軍民浴血奮戰，與敵人展開激烈的城市爭奪戰。在消耗德軍有生力量後，11月蘇軍轉入反攻，並於次年2月全殲史達林格勒地區的德軍。德軍共損失150萬人。此役是蘇聯衛國戰爭的轉折點，也是第二次世界大戰的轉折點。

《開羅宣言》

　　第二次世界大戰期間，1943年11月22—26日，中、美、英三國政府首腦在開羅舉行國際會議。參加會議的有美國總統羅斯福、英國首相丘吉爾和中國國民黨政府主席蔣介石。1943年是第二次世界大戰根本轉變的一年，為了加強反法西斯同盟國之間在軍事和政治上協調行動，討論制定聯合對日本作戰計劃和解決遠東問題，決定舉行這次會議。會議簽署了《中美英三國開羅宣言》，簡稱《開羅宣言》。會議結束後，《開羅宣言》經史達林同意於1943年12月1日公佈於世。宣言聲明：

對日作戰的目的在於制止並懲罰日本侵略；剝奪日本自第一次世界大戰開始後在太平洋地區所奪得或佔領之一切島嶼；日本攫取的中國的領土，如滿洲（中國東北）、台灣、澎湖列島等歸還中國；在相當期間，使朝鮮自由獨立。宣言最後宣稱：將堅持長期作戰以迫使日本無條件投降。《開羅宣言》是確定日本侵略罪行及戰後處理日本問題的重要國際文件。

德黑蘭會議

第二次世界大戰期間，1943年11月28日—12月1日，蘇美英三國政府首腦在伊朗首都德黑蘭舉行的國際會議。參加者有蘇聯人民委員會主席史達林、美國總統羅斯福和英國首相丘吉爾以及他們的外長和顧問。

1943年反法西斯國家開始反攻，法西斯國家轉為防禦和退卻，但仍在負隅頑抗。蘇聯政府希望美、英盡快在西歐開闢第二戰場，早日結束戰爭。美國則期待蘇聯參加對日作戰，以減輕它在太平洋戰場的損失。英國更多地關心它在歐洲的政治影響和經濟利益。為了加強合作和協調對德、日作戰問題，經過1943年10月蘇、美、英三國外長莫斯科會議的籌備，召開了此次會議。

人類歷史上的三次能源革命

　　蒸汽機的發明吹響了第一次能源革命的號角。有了蒸汽機，人們用煤炭作燃料來開動機器。此後不久，科學家又發明了以石油為燃料的內燃機。19世紀70年代，科學家先後發明了具有實用價值的電動機和發電機。在19世紀80年代，建成了中心電站，並從技術上解決了電能的遠距離傳輸問題，完成了人類歷史上帝二次能源革命。

　　第三次能源革命是原子能的使用。原子核裂變時能釋放出巨大的能量。1942年，科學家費米等人建成了世界上第一座利用核裂變能量的裝置—原子反應堆。

東京審判

　　第二次世界大戰後，遠東國際軍事法庭對日本首要戰犯的國際審判。因在東京進行，故名。

　　法庭由在日本投降書上簽字的國家（中、蘇、美、英、法、加、澳、新、荷）及印度、菲律賓11國委派的法官組成，澳大利亞法官韋布任庭長，美國律師基南任檢察長。中國委派法學家梅汝璈為法官。

　　1946年5月3日，檢察官團對28名首要戰犯提出起訴書，開始審判，1948年11月12日宣佈判決，歷時兩年半。其中東條英機、廣田弘毅、土肥原賢二、板垣征四郎、松井石根、武籐章、木村兵太郎被判處絞刑，木戶幸一等16人判處無期徒刑，東鄉茂德判處20年徒刑，重光葵判處7年徒刑。

　　這次審判並不能代表所有被侵略國家人民的意志。但確認侵略戰爭為國際法上的犯罪，策劃、準備、發動或進行侵略戰爭者列為甲級戰犯，是對國際法戰犯概念的重大

永續圖書
線上購物網

www.foreverbooks.com.tw

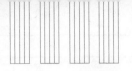

2 2 1 - 0 3
新北市汐止區大同路三段 194 號 9 樓之 1

傳真電話：（02）8647-3660
E-mail：yungjiuh@ms45.hinet.net

培育

文化事業有限公司

大千世界：470 個世界歷史面面觀

培 養 文 化 育 智 心 靈 的 好 選 擇

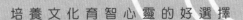